スポーツを支える仕事

元永知宏

ジュニア新書 992

はじめに

以前取材をしたひとりの野球選手から「引退することになりました」という連絡を受けたのは2023年9月のことでした。

2017年夏の甲子園で準優勝した広陵高校でキャプテンをつとめた、岩本淳太というピッチャーです。彼は右腕の手術をしたために、甲子園で出場機会はなし。卒業後に進学した上武大学でもあまり出番に恵まれません。社会人野球のＪＰアセット証券でプレーを続けたものの、わずか2年でユニフォームを脱ぐことになりました。

「もしプロ野球選手になったら僕の本を書いてください」と言われていましたが、実現することはありませんでした。

彼が引退登板をした球場にいた観客は50人ほど。それでも温かい拍手で送られて、マウンドを降りました。

何万人もの拍手と歓声のなかで華やかな引退試合を迎えるスーパースターもいれば、彼のようにひっそりとグラウンドから去る選手もいます。もちろん、志半ばでプレーを断念せざるを得ない人が大多数を占めることでしょう。

どのスポーツにおいても、勝利を味わえる選手は少なく、ほとんどは敗戦によって選手生命の幕を閉じることになります。ある人は故障によって、ある人はチーム内の競争に敗れて、戦いの場に立つことさえ許されない。そんな非情な面がスポーツにはあります。

中学校、高校のスポーツ、部活動においては、ある時期が来れば引退を余儀なくされます。レベルの高い次のステージで戦える人は少なく、「完全燃焼した」と胸を張ることができるのもほんのひと握り……。

しかし、「終わり」は「始まり」でもあります。

本書に登場してくれたのは、10代の時に抱えた悩みや後悔、葛藤をその後に活かした人たちです。

オリンピックなどでメダル獲得を目指す日本代表選手の食事やコンディショニングをサポートする『ビクトリープロジェクト』の栗原秀文さんは、立教大学野球部の1、2年生の時には選手として成長できたという実感がありました。しかし、3年生になった頃に自身の変化に気づきました。

「それまではいくらでも食べられていたのに、ある時から食事の量が減りました。私自身の大学時代を振り返ると、栄養やコンディショニングに関する知識が不足していたから、3、4年生になって伸びなかったんだと思います」

その経験から、大学卒業後に入社した味の素株式会社で食事と栄養について学び、マーケティングの知識を身につけて、日本代表を支える仕事についたのです。

スポーツドクターとしてスピードスケートや新体操の日本代表をサポートしてきた中村格子さんには、ハンドボール部に所属していた高校時代の後悔が残っていました。

「高校時代にケガをしたことがあったんですけど、きちんとした治療を受けられなかったことが悔しさとして残っています。それがスポーツドクターを目指したきっかけのひとつでもあります」

スポーツドクターはその選手の人生を変えてしまうこともあります。故障をすれば確実にパフォーマンスは落ちますし、メンタルに与える影響も大きい。だからこそ、中村さんは

「選手から本当に信頼されるスポーツドクターになる」と決めたのです。

「なるべく近くにいて、いつでも相談してもらえるような状態でサポートしてこそ、選手たちの喜びを一緒に味わうことができるだろうと思いました。それが本当にやりたいことでした」

プロ野球(NPB・日本野球機構)の公式記録員である西原稔泰さんは高校時代に野球部に入部しながら、足の肉離れをして、盲腸の手術をして……1年生の秋から練習に行かなくなりました。野球部を退部した時点で、高校野球の指導者になるという道は閉ざされました。

その後、紆余曲折を経て公式記録員となり、2019年8月13日に通算1000試合達成。その西原さんはこう言います。

「近所に野球をしている子がいて、ケガをして悩んでいると聞きました。僕は「とにかく続けたほうがいいよ。おじさんは途中で野球をやめたことを後悔しているから」と話しました。最後までやり切ったあとに何が残るかはわからないけど、心からそう思います」

あの時の後悔があったから、新しい目標を見つけられたのです。

「僕にはそういう後悔があり、大学3年生の時に「公式記録員になりたい」と宣言したわけです。一緒に野球をやっていた仲間にもそう言いました。公式記録員になったあとに、かつての仲間にその報告をしたら「やっぱりなったか！」と喜んでくれました。野球部は途中で辞めてしまったけど、野球を好きなことをみんなが認めてくれていたんでしょうね」

大谷翔平選手（ロサンゼルス・ドジャース）のように、ひとつの道を突き進むことができる人もいますが、多くはどこかで挫折し、まわり道をすることになります。その時に何を思うのか、どんな行動を起こすのかによって、ゴールが大きく変わるでしょう。

「人生に意味のない経験はない」

この言葉は、はじめに書いた岩本さんが恩師である広陵高校野球部の中井哲之監督から贈られた言葉です。

経験から何を学ぶかはあなた次第。それを糧にしてどこへ向かうかもあなたが決めればいい。

本書に登場する7人の10代の経験、失敗、後悔をじっくり読んでください。何かひとつでもあなたのヒントになればいいと心から願っています。

目次

1 スポーツ通訳者◎佐々木真理絵さん

ささき・まりえ

26歳の夏、英語が十分に話せないにもかかわらず、夢であったスポーツチームでの通訳に挑戦。プロバスケットチームや女子バスケット日本代表で通訳兼マネージャー、バレーボールチームでは通訳をつとめた。

日本から海外に渡るアスリートもいれば、自国を離れ日本にプレーの場を求める外国人選手もいます。90年もの歴史を誇るプロ野球にも、国技と言われる大相撲にも外国出身の選手や力士が顔を並べています。

サッカー、ラグビー、バスケットボールなどの団体スポーツでも、日本人だけでチームを構成することのほうが珍しいくらい。監督やヘッドコーチが日本語を話せないことは普通にあります。

そんなチームの中で重要な役割を任されるのが通訳です。共通言語を持たない選手と選手、選手と監督、スタッフの間に立ち、お互いの意思や考えを伝えるという難しい仕事をしなければなりません。

英語をはじめとする外国語を話す力はもちろん、言葉にできない想いを察する力も必要とされるでしょう。異国での暮らしで孤独に悩まされる選手の心のケアも通訳の仕事に含まれます。

さまざまなスポーツの現場で通訳者として活躍する佐々木真理絵さんはアメリカでの留学経験はありますが、それは1年だけ。「英語もネイティブレベルに届かない」と言います。それなのになぜ、通訳になれたのでしょうか。

佐々木さんが英語に興味を持つようになったのは、中学生になってから。

「もともと英語が好きで、学生時代には自分なりに勉強をしてきました。どうしてかはわからないんですが、父親がある日、ディズニー映画の『美女と野獣』のDVDをプレゼントしてくれました。特にディズニー好きではなかったと思うんですけどね」

佐々木さんは日本語吹替版を見たあと、テレビのリモコンを押して吹替なし、字幕ありバージョンに切り替えてみました。

「同じ映画なのに、全然違う。英語版だと映画の中でかかる歌の歌詞とリズムがピタッとハマって『こっちのほうがカッコいいな』と感じました。それから何度も何度も繰り返し見るようになりました」

「数えきれないほど見た」と佐々木さんは言います。

「そのうちに、歌はもちろんですが、登場人物のセリフも全部覚えました。「あの場面は？」と聞かれれば、そらで言えましたね。ディズニー映画のおかげで、英語を覚えたい、学びたいという意欲が強くなっていきました」

カリフォルニア留学で味わった挫折

いずれは英語を活かした仕事をしたいと思っていましたが、佐々木さんが選んだ進学先は地元・京都にある龍谷大学でした。

「英語と関係なく、経営学部に入りました。英語は独学で勉強を続けて成績もよかったので、大学では別のことを学び、英語は自分で勉強して留学でもできればいいなと考えていました」

佐々木さんは1年間、カリフォルニアに留学することになりました。

「それまで英語の成績もよかったので、自分では「できる」と思っていたんですけど、全然で……日本で映画を観ながら楽しく英語を勉強することと現地でネイティブの人と会話をすることの違いに苦労しました。一気に難易度が上がったことに驚かされました」

英語を話すための知識も単語もしっかりと頭の中に入っていましたが、それをうまく使うことができなかったのです。

「そもそも、映画やアニメのセリフは小さい子や外国人にも理解しやすいように、聞き取りやすい言葉が使われているということにアメリカに行って初めて気づきました。実際に会話をしてみたら、もう何を言われているのかわからない」

留学生の佐々木さんに対して、大学の先生も学生も、遠慮はありませんでした。

「ものすごく早口だし、知らない言い回しもあるしで、本当にさっぱりで……。何を言われているのか理解できず、聞き返そうと思っても、何を聞いていいのかもわからないくらいでした」

でも、「もう日本に帰ります」というわけにはいきません。佐々木さんは腹をくくりました。

「言葉が伝わらないし、ホームシックになるし。しゃべりたくないけど、しゃべらないことにはうまくならないのはわかっていました。せっかくアメリカまで来たんだから、少しでも成長して帰りたいと思いました。当然、リラックスして話すことはできないんですけど、それでも頑張って会話をして、1年後にはそれなりに英語力が伸びたという手応えを持つことができました」

英語へのときめきを失くして

帰国後、佐々木さんを待っていたのは就職活動でした。

「1年間留学したことで、アメリカで暮らすことのハードさ、英語を使って仕事をすることの大変さを痛感しました。留学中に、現地で育った日本人とたくさん会ったので、レベルの差もわかっています。語学が堪能で優秀な人ばかりでした。そういう人たちと英語で仕事をすることに尻込みしたこともあって、アメリカではなく日本で就職しようと考えました」

佐々木さんが就職活動をしていた頃は、何度目かの〝就職氷河期〟でした。就職したい学生に比べて求人は少ない。苦戦続きの佐々木さんに内定を出したのは全国展開をしている英会話スクールでした。

「たくさんの会社を受けましたが、本当にどこにも受からない。私を採用してくれた会社は英会話スクールだったので、「自分の好きな英語を使って働くことができるかも」と考えました」

佐々木さんが配属されたのは営業部でした。

「その会社には、新入社員は全員、はじめは営業をするという方針がありました。いずれ講師になれたらという気持ちを持ったままで、営業の仕事を覚えました」

住宅地を回って、小さな子どもがいそうな家に飛び込んで、英会話スクールの勧誘をする仕事でした。

「営業成績がよくて、2年間、異動もなく、営業する日々を過ごしました。でも、せっかく勉強した英語を使う機会はほとんどありません。日本語で日本人に英会話スクールの説明をするだけでした。社会人って何かと忙しいので、英語へのときめきというか、意欲を失くしてしまいました」

しかし、大学時代にラクロス部に所属していた佐々木さんは、ハードワークを厭《いと》うことはありませんでした。

「大学時代もやることがたくさんあってけっこうしんどかったんですけど、それを楽しいと感じていました。会社員になってからも、汗をかきながら飛び込み営業をして、いい成績を残すこともできました。でも、もっと刺激が欲しいと思っちゃったんですよね」

佐々木さんは転職を決意しました。

「次に勤めた会社は、規模の小さい、社会人向けの英会話スクールでした。英語だけでなく、中国語、韓国語、スペイン語など7カ国語のコースがありました。今度は子ども向けではなくて大人向けにレッスンをしている会社だったので、講師も落ち着いた人が多かったですね。

講師との会話は基本的に英語だったので、私自身、英語を使って話せることがうれしくて、「もっと英語力を磨きたい」と思うようになりました」

大学時代、佐々木さんのTOEICのスコアは820でした。

「スコアと実際の会話が違うものだということは留学中に思い知らされました。その英会話スクールで講師をしていたネイティブの人たちとも、同じ職場だというバックグラウンドがあるから会話が成り立っているということもわかっていました」

サッカー日本代表監督の横に立つ人物に憧れて

佐々木さんが再び英語を学びたいと考えていた頃、中学生の時に見た光景が甦りました。2002年、日本と韓国で共同開催されたサッカーのワールドカップに出場した日本代表の監督は、フランス人のフィリップ・トルシエさん。その横には常に長身の男性が立っていたのです。

「あのワールドカップの時、トルシエさんの通訳者のフローラン・ダバディさんも注目されていて、その姿がすごく印象的でした。次の仕事を考えた時にダバディさんの顔が浮かんで、「私もスポーツの通訳になりたい」と思ったのです」

その時、佐々木さんは20代半ば。そこから大きな勝負に出ました。

「どうすればスポーツの通訳になれるのか。いろいろ調べてみたんですが、よくわかりませんでした。だけど、面白そうだなと思ったのです」

佐々木さんは通訳養成スクールに通うことと会社を辞めることを決めました。

「やっぱり、もっと英語力をつけないとと思ったので。会社にいたままでも勉強できたかもしれないけど、退社することにしました」

退路を断った佐々木さんはある日、求人情報を目にします。

「スポーツの仕事をしたいという気持ちはありました。自分なりに覚悟を決めたことがよかったんでしょうか。プロバスケットボール、Bリーグ（当時はBJリーグ）の大阪エヴェッサというチームがマネージャー兼通訳を募集しているのを見つけました」

1934年にスタートしたプロ野球、1992年発足のJリーグに比べれば、日本のプロバスケットボールの歴史は浅い。まだできたてほやほやとも言えるチームでした。

「大阪エヴェッサというチームも知らないし、バスケットボールの知識もありませんでしたが、履歴書を書いて送りました。すぐに電話をいただき、面接してもらうことになりました」

2005年に設立された大阪エヴェッサ。七福神のひとりで、商売繁盛の神様である「戎様《えびすさま》」を大阪では親しみを込めて「えべっさん」と呼ぶことから、人情、笑い、商売の街・大阪を活気づける存在であることを願ってその名前が付けられました。

「採用面接の時、日本人のヘッドコーチが英語の堪能な方だったので、英語で質問されたんですけど、本当にしゃべれませんでした。かなり渋い表情だったから、難しいかなと思いました」

この時の採用条件が「チームマネージャー兼通訳」だったことが、佐々木さんにとって幸運でした。

「面接の時には「現時点の英語力では通訳を任せるのは厳しい。でも、通訳にとって大事なのは語学力だけじゃないから」と言っていただきました。ものすごくハードな仕事なので、それ以外の力、想いなどを重視されるとのことでした。「あなたの気持ちは伝わってきたから、試合を見に来てよ」と言われました」

チームマネージャー兼通訳として採用

佐々木さんは次の試合開催日に会場に足を運び、試合後に面接官を見つけて声をかけました。後日、練習場にも行き、マネージャーの仕事について説明を受けました。

「バスケットボールのルールもよくわかりませんでしたし、プロリーグがどういうものかも理解していませんでした。体育館の床のモップがけをしたり、ストップウォッチを押したり、ボールを拾い集めたり。そういうことをさせてもらいました」

もともとラクロス部に所属していた経験もあり、好成績を残した営業時代に培った「空気を読む力」も評価されたのでしょう。採用されることが決まりました。

マネージャー兼通訳ということではありますが、比重はマネージャーのほうが大きい。

「まずはマネージャーの仕事を覚えてから、それができるようになったら通訳もするという話でした。そうして、プロバスケットボールリーグの仕事に携わるようになりました」

給料は以前の仕事とあまり変わりませんでしたが、拘束時間は大幅に増えました。

「チームに帯同して遠征に出たら、自分の時間は持てません。試合の選手登録などの事務作業もたくさんありますし、試合後には選手のユニフォームの洗濯もしないといけないし。旅行代理店の担当者に相談しながら新幹線のチケットの手配をしたり、食事の内容を決めたり、最寄り駅から試合会場までの移動手段をタクシーにするか、バスにするかとか……」

英語が話せる佐々木さんは外国人選手の対応も任されるようになりました。

「はじめは通訳というよりもお世話係という感じでした。その時所属していた外国人選手の英語が特徴的で、早口でスラングが多くて、アクセントのクセも強かった。外国人選手たちの英語は本当にわかりませんでした」

しかし、お世話係としては「わかりません」では済みません。彼らと日々、対話を続けることで「教科書に載っていない英語」を学ぶことができたのです。

「採用してくれたヘッドコーチの計画通り、少しずつ、本当に少しずつ英語を勉強することができました」

ある日、佐々木さんは呼び止められ、外国人選手のインタビューに立ち会うことになりました。

「その時は本当に短いインタビューだったのですが、担当させてもらいました。それから少しずつ、雑誌やインターネットの取材の時に通訳する機会が増えていきました。外国人選手たちは私の英語力を知っているので、わかりやすい言葉を使ってくれて本当に助かりました」

もちろん、バスケットの専門用語や戦術なども理解していないと、通訳はできません。

「選手たちと関わることが多くなるにつれ、英語についてもバスケットについても教えてくれるようになりました。「こういうスラングがあるよ」とか「こんな言い回しがあるからね」と」

チームのみんなに育ててもらったという感謝の気持ちが佐々木さんにはあります。

テレビ、雑誌のインタビューの通訳も担当

プロバスケットボールのレギュラーシーズンは毎年9月に開幕し、5月に優勝チームが決まります。成績がいい時には選手たちの顔は晴れ晴れとしていますが、連敗続きだとチームの雰囲気が悪くなります。

「私が加入したあと、チームの成績が落ち込んでいきました。1年目で自分の中に基準がなかったので、一喜一憂することなく、「こういうものなのかな」と思いながら、自分の仕事に専念していました。もしかしたら、ヘッドコーチと選手、選手同士でいろいろなことがあったのかもしれませんが、「それはそれ」と思って、ラインを引いていました」

日々の業務に追われ、周囲を気にする余裕はありません。佐々木さんの1年目はあっと言う間に過ぎていきました。

「あまり先のことを考えられず、目の前のことを一生懸命にやるだけでした」

チームとの契約は1年。佐々木さんは次を考えるようになりました。

「地元の京都にあるチーム・京都ハンナリーズに誘ってもらいました。ほかのチームのスタッフとはあいさつをするくらいだったんですけど、先方は私が京都出身だということを覚えていてくれたようで。英語を少し使えることも知っていて、マネージャー兼通訳として2年間働かせていただきました」

テレビや雑誌などのインタビューを通訳することが佐々木さんの仕事になりました。

「当時のトレーナーも英語ができる方だったので、手分けしつつではあったんですけどね。私には通訳をやりたい気持ちが強かったので、積極的に任せてもらえるようにお願いしました。大阪エヴェッサ時代は、マネージャーと通訳の比率が9対1くらい。京都ハンナリーズに移ってからは7対3くらいになりました」

通訳として力をつけるためには、とにかく場数を踏むことが必要です。

「まだまだマネージャーの仕事のほうが比率としては高かったんです。だけど、自治体と協力して行うイベントとか、バスケットの知識がかなり必要な通訳とか、いろいろな仕事をさせてもらったことでステップアップできたと思います。通訳と名乗っても恥ずかしくない仕事が少しずつできるようになりました。だけど、振り返ってみると、まだ「マネージャー兼通訳」だったように思います」

こうして佐々木さんの3年間の〝修行〟期間は過ぎました。

毎日、プライベートレッスンを受けて

佐々木さんはバレーボールのVリーグ、パナソニックパンサーズ（現大阪ブルテオン）に移ることになりました。

「インターネットでたまたま求人を見つけて、履歴書を送りました。面接官は監督とマネージャーでした。でも、ふたりともあまり英語が話せないようで、まだまだ課題のあった私の英語力も問題にならず、そこでお世話になることに。

バレーボールの知識がないことも何も言われず、むしろ競技を知らないほうが通訳としてはいいという考え方だったようです」

前職でスポーツの現場を踏んでいるとはいえ、バレーボールは未経験。特に、試合中の通訳は簡単ではありませんでした。

「タイムアウト中に出される外国人コーチの指示をどう伝えていいのかわからない。時間がものすごく限られているから優先順位をつけないといけないんですが、それができずに何も言えませんでした。バレーボールの専門用語も、どのタイミングで入っていいかもわからない……」

言葉はわかっていても、競技を知らないと通訳できないことに佐々木さんは改めて気づいたのです。

「はじめの1週間くらいは、本当に何もできずに終わりました。監督もマネージャーも、私がバレーボールを知らないという前提で採用してくれたので、特別講義を開いてくれました。「わからないことがあれば何でもいいから聞いてくれ」と。

練習が終わってから、プライベートレッスンを毎日受けることになりました。「今日の練習の意図は?」とか、「あの指示の意味は?」とか、日本人のコーチ陣にも外国人コーチにも細かく聞きました。とにかく、自分が知りたいこと、気になることは聞くしかありませんでした」

佐々木さんはパナソニックパンサーズで2年間、これを繰り返しました。

「最後まで、『完璧にできるようになりました』とは言えませんでしたが、少しずつ少しずつバレーボールの知識も増えて、その時、その時に伝えなければいけないことを的確に言えるようになりました」

チームのマネージャーはもうひとりいて、チーム全体の管理を任されていました。佐々木さんは通訳をしている関係で、外国人選手のサポートも重要な仕事でした。

「練習や試合中には彼らの言葉を訳すこと。コートを離れたら、生活に関わることについての相談を受けます。外国人選手、コーチのマネージャーみたいなものですね。

『帰りにスーパーマーケットに寄りたい』と言えば一緒に行きますし、『髪の毛を切りたい』となれば美容院に連れて行きます。彼らにとって日本は異国なので、『自分でやって』というのはハードルが高いんです。来日して半年くらいは、いろいろなところに一緒に行きましたね」

自分の思い通りに過ごせる〝休日〟は一日もありませんでした。

「はじめ、チームにいた外国人選手はポーランド人。そのポーランド人選手は高校生の時から国外でプレーしているせいか、彼の言葉はすごく丁寧でわかりやすく、日本人にも聞き取りやすい、きれいな英語でした。

ブラジル人のコーチとも英語で会話をしていましたが、彼の場合はわかりにくかったですね。だけど、人となりを理解したら、言いたいことがわかるようになりました。言葉をそのまま伝えることよりも、意図や考え方をこちらで汲み取らないといけないと思いました」

コミュニケーションをリードする役割

選手と通訳は共同作業でインタビューに答えていきます。

「ずっと行動をともにしている選手であれば、取材者の質問に対してどんな答えを返すのかを予想できるようになります。この質問ならこう答えるだろうというテンプレートみたいなものが増えていく。だから、メモを取らなくても答えられます。

私自身、いつもメモを用意していますが、選手の言葉が長くなった時には、いったん言葉を切って、こちらに答えさせてくれる。そのあたりは、阿吽《あうん》の呼吸で（笑）」

もちろん、どれだけ場数を踏んでも判断に困ることがあります。

「ある試合で大敗したあと、ポーランド人選手が記者に対して、チームメイトの日本人選手への厳しいコメントをしたことがあります。どう訳せばいいのか悩みましたが、普段、そのポーランド人選手は日本人選手に対して言葉を選びながら厳しい要求をしているのを見ていたので、彼の想いをなるべく忠実に通訳することにしました。あえて、やわらかい表現にするのをやめました」

意図的に、言葉にしないケースもあります。

「ブラジル人コーチはものすごく気性が荒くて、試合中にもむちゃくちゃキレていることが多い。彼の表情や手ぶりや語調で伝わることがあると判断すれば、言葉にはしませんでした。一緒に怒るのではなくて、彼の言いたいことを冷静に伝えることを考えました」

勝負のかかった場面では、激しいやり取りが交わされることがあります。

「選手同士や選手とコーチなどが口論になることもあり、戸惑うことも多かったですね。それぞれの言葉をそのまま投げることしかできない時には、自分の力不足を痛感しました」

言葉をただ届けるだけではなくて、コミュニケーションをリードする役目が通訳にはあると佐々木さんは考えます。

「でも、その時の私には難しかった。ただ、言葉を投げるだけでは解決しないことばかり。その人が何を思ったか、何を言ったのかを伝えることは必要です。言葉にしないままでわだかまりが残るよりは、一時的に揉めたとしてもきちんと話をすることが大事だと考えています。ただ、もっといいやり方があったんじゃないか、通訳としてできたことがあったのでは？　と思いますね」

よりシビアな場面での通訳には、生活面のサポートとは違う種類の苦労があります。たとえば、故障やケガで病院に行く時……。

「プレー中のアクシデントの場合、前後の状況をドクターに話します。痛みの程度は本人にしかわかりませんが、情報を共有することで対処が変わってくるし、本人の不安が軽減される可能性がありますから。お金を稼ぐために日本に来ている選手にとって、故障やケガは絶対に避けたいこと。当然、ナーバスになります」

そんな時こそ、通訳の力が問われます。

「痛みの程度を正確に伝えることが本当に難しい。日本語で日本人ドクターに話すのも大変ですよね。選手とドクター、トレーナーとの間に入ってあげて、素早く対処してもらうようにする。

選手はどうしても不安なので、ドクターから聞いた治療方法を丁寧に正確に伝えてあげないといけない。試合に出られない期間の過ごし方にも影響するので、少しでも早く復帰できるよう考えてあげるようにしていました」

フリーランスのスポーツ通訳者になる

佐々木さんはパナソニックパンサーズを離れたあと、フリーランスの通訳者として、どこの組織にも所属することなく活動しています。

「フリーランスの通訳者になってから、自分で価格交渉をしています。通訳に対するギャ

バンコク（タイ）の競技場で

ランティはさまざまで、基本的にはクライアントから提示されますが、こちらから「このくらいでどうでしょうか」と打診する時もあります。

金額の高低によって仕事を選ぶわけではありません。金額的には安くても、仕事の面白さを考慮しながら、自分のためになると思えばお受けするようにしています。これまでいくつかのスポーツを経験させてもらいましたが、関わったことのないスポーツの仕事を積極的に受けるようにしています」

世界バレーなどの世界大会での通訳のほか、NCAAバレーボール日本遠征、日本の大学生チームの海外遠征、スキークロスFISカップヨーロッパ遠征などにも帯同してきました。

「私は26歳でスポーツ業界に入り、通訳としては11年目になりました。フリーランスの通訳者として、女子バスケットの日本代表に携わったり、ラグビーやサッカーなどにも関わりながらも、自分の英語力に自信がないから「もっと勉強しなきゃ」という気持ちが常にあります。そのチームや競技によってカルチャーも違いますし」

競技が違えば選手たちの気質も性格も異なりますし、指導者次第でチームの形も変化します。

「勝手な固定観念を持っていると、それが邪魔することもあります。うまくコミュニケーションが取れなかったり、よかれと思ってやったことが裏目に出たり。通訳の仕事をすればするほど、「自分がわかっていないこと」に気づきます。英語力についてもそうで、言い回しは変わっていくし、人によって言い方はさまざま」

人と人との間に立つ仕事に終わりはありません。

「胸を張って「私は通訳の仕事ができます」と言える日はきっとこないんじゃないかな。「任せてください。何でも訳します」と言う日は……。チームが違えば役割が変わりますから、そのあたりを見極めながら仕事をしています」

仕事としてのゴールは遠い。だからこそ、この仕事が楽しいと佐々木さんは思えるようになりました。

「もちろん、大変なことはたくさんありますが、それはやりがいがあるということでもあって。大変なことこそが面白い。いろいろな国から、さまざまな性格の人がやってきます。言葉はもちろん、食べ物の好みも、生活スタイルも違います。以前はそういうことをストレスに感じることもありましたけど、今は楽しいと思えるようになりました」

スポーツ通訳者にとって大切なこと

さまざまなスポーツの現場を見ると、通訳者には海外に長く住んだ経験がある人が多いのは事実です。しかし、必ずしもそれが必要だと佐々木さんは考えていません。

「もちろん通訳者というポジションになるには、英語力やその他の語学力が必須です。スポーツ業界でいえば、外国と交わらないスポーツはほとんどありません。海外遠征の機会も多いので、英語を話せるほうがいい。競技によっては、英語だけではなくて、スペイン語、ポルトガル語、中国語が必要になることがあります」

語学力があれば、コミュニケーションの幅は確実に広くなります。

「通訳以外のポジションでも、語学力はものすごい武器になりますね。コーチングスタッフでもトレーナーでも、チームマネージャーでもそう。広報などにも、同じことがあてはまります。たとえば英語でコミュニケーションを取れることでもっと大きな仕事、大きな裁量を任される可能性が出てきますから。むしろこれからは、「あなた、英語もできないの?」

と言われるようになるかもしれません」

佐々木さんの留学期間は1年だけでしたが、その後、チームに帯同しながら、外国人選手やコーチから英語を学ぶことができました。

「スポーツだけではないと思いますが、組織にとって大切なのはチームワークじゃないですか。いい人、優しい人というだけではダメなんですが、相手の気持ちを考えられること、協調性は必要です。もしかしたら、語学力以上に大事なことかもしれない」

語学力は学校やYouTubeなどで勉強して上げることができますが、コミュニケーション能力はどうすれば向上するのでしょうか。

「私は通訳の専門学校で講師もしています。生徒さんに教える時に、ひとつの例としてアルバイトのシーンを出します。レストランで配膳などをする場合、お客さんのテーブルを見れば水が足りてないことはわかるはずです。しっかりと状況を見れば、そこにヒントがある。「何が必要なのか」がわかれば、手を差し伸べたり、サポートしたりするのは難しくない。大事なのは観察すること、気づくこと。それを繰り返すことで相手との関係性が築けるし、信頼も生まれるのではないでしょうか」

学校生活であれば、困った素振りをしている人の話を聞いたり、元気のない人に声をかけたり。

「小さなことの積み重ねによって、「信頼される人」になれるのかもしれません。目立たない行動であっても、見ている人は見ています。スポーツ業界で長く活躍できる人は自分から前に出ることは少なく、一歩引いて全体を俯瞰《ふかん》することができる。

陸上競技や水泳のような個人競技であっても、スタッフを集めてチームを組んで戦っています。他人と一緒に動く時に、他者への気づかいは大切だと考えています」

スポーツ通訳者とチームの架け橋に

佐々木さんは通訳者として11年目。これまでとは少し、やりたいことの方向が変わってきたようです。

「これまでスポーツの世界ばかりで活動してきました。伝統を大事にする競技も、新しいものをどんどん取り入れているところもあって、いろいろな勉強をすることができます。でも、今後は違うことに挑戦したいという気持ちもあります」

スポーツ以外の世界を見てみたいという想いが強くなってきました。

「まったく経験のないところで仕事をすることで、また大変な思いもすると思いますが、いろいろな発見もあるでしょう。知識が増えることで、再びスポーツの世界に戻った時に「できること」が増えると思っています。だから、今後はスポーツの世界にこだわらず、もっとトライしていきたいな、と」

佐々木さんはよく「スポーツの通訳者になりたいけど、その方法がわからない」という相談を受けます。

「通訳者になりたい人はたくさんいますし、野球でもバスケットでも、バレーボールでも「通訳者が足りない」と言っています。なりたい人をチームに紹介できるようなコミュニティをつくって、いい人材を送り込めればと考えています」

スポーツ通訳者の養成などに関する活動をしている一般社団法人スポーツマネジメント通訳協会(小林至会長)の「応援団」に、第70代横綱の日馬富士《はるまふじ》さんらとともに佐々木さんも名を連ねています。

「英語を話せれば、いろいろな職業につけるチャンス、選択肢が増えます。お金を稼げる仕事もたくさんあるでしょう。スポーツの仕事は特殊性が高くて、収入的にも特に恵まれているわけでもありません。

でも、「スポーツの通訳者になりたい」という人たちに、先輩方が経験されたことや私たちの世代がやってきたことを伝えられるようにしていきたいですね」

アメリカ育ちでも帰国子女でもない佐々木さんだからできることがあるはずです。

「もともと英語力があるネイティブの人に比べて、心が折れることが私にはありました。1年間しか留学経験がないし、いまだに英語力は充分ではありません。通訳という仕事を始めてから、大変なこと、困ることがたくさんありました。でも、頑張り次第でこうしてスポーツの通訳者になれるということを多くの人に知ってもらいたいですね」

2 栄養・コンディショニングサポート◎栗原秀文さん

くりはら・ひでふみ
1976年東京都生まれ。小学校から立教大学卒業まで野球に打ち込む。99年に味の素株式会社に入社し、2004年からJOC・味の素「ビクトリープロジェクト®」を担当し、これまで多くの選手の栄養サポートを行っている。

野球少年が憧れる舞台があります。

ひとつは、高校野球の春と夏の全国大会が行われる阪神甲子園球場。

のちに味の素株式会社に入社して『ビクトリープロジェクト』（後述）を推進することになる栗原秀文さんの場合は、大学野球の聖地である神宮球場が憧れの場所でした。

栗原さんは言います。

「甲子園のヒーローは荒木《あらき》大輔《だいすけ》さん（早稲田実業→ヤクルトスワローズなど）でした。小学校の低学年で伝統のあのユニフォームに憧れました。それで、甲子園を目指して野球を始めました」

早稲田実業といえば、古くは王貞治《おうさだはる》さん（読売ジャイアンツ）、甲子園で12勝を挙げた荒木さん、〝ハンカチ王子〟こと斎藤佑樹《さいとうゆうき》さん（北海道日本ハムファイターズ）などが活躍した名門中の名門。

「早稲田実業のことを調べているうちに、東京六大学というリーグがあって、神宮球場で試合をしていることを知りました。受験勉強をしてたどりついたのが立教中学でした。その時から「六大学で野球をしたい」と考えていました」

1989年秋に立教大学野球部が23年ぶりにリーグ優勝を果たした時、栗原さんは中学1年生でした。池袋の沿道をファンが埋め尽くした祝賀パレードを見て「俺もいずれは神宮で!」という思いを強くしたのです。

その後、立教大学に進み野球部に入りました。

「私が住んでいた高島平にはふたりの神童がおりまして、ひとりが私(笑)で、もうひとりが遠藤良平《えんどうりょうへい》。遠藤は1年間浪人して東京大学に入学してエースになり、プロ野球(日本ハムファイターズ)に進みました。はじめは私のほうが有名だったんですけど、途中で追い抜かれてしまいました」

東京六大学には、甲子園で活躍した野球エリートが集まってきます。1989年、1990年に連覇を果たした立教大学にも有望選手が多くいました。

「そんななかでも、1、2年生の時には野球選手として成長できたという実感がありました。子どもの頃からいろいろなポジションを守っていて、セカンドとショート以外は全部やりました。よく言えばオールラウンドプレーヤー、悪く言えば器用貧乏。そういう選手でしたね」

社会に出たら歯車になって働こう

東京六大学で活躍した選手はドラフト指名を受けてプロ野球に入り、プロにはなれなくても実力のある選手は社会人野球に進みます。

「私も大学を卒業したら社会人野球でプレーを続けたいと考えていました。3、4年生でも成長できれば通用するかもしれないと」

しかし、3年生になった時、栗原さんは自分の変化に気づきました。

「それまではいくらでも食べられていたのに、ある時から食事の量が減りました。それとどんな関係があったのかはわかりませんが、体力も技術も伸びず、社会人野球でのプレーは難しいと考えるようになりました」

野球の実力を評価されて就職が決まる選手以外は、自分で就職する企業を探さなければいけません。野球部での活動を続けながら、栗原さんは卒業後の進路を考えるようになりました。

栗原さんの頭に浮かんだのは、旅客機の客室乗務員という仕事でした。

「社会に出るにあたって、野球やスポーツに関わってはいけない。完全に、ただのサラリーマンになろうと思っていました。

私たちの頃は〝就職氷河期〟と言われていて、求人が少ない、あるいはまったくないという会社もありました。航空会社より、たまたま味の素のエントリーシート受付が早かったので、「出しておこうか」という感じで。食品の会社だから私の身近に商品があって、志望動機を書きやすいというのもありました」

書類選考、何度かの面接をクリアし、最終面接を受けることになりました。日程調整の連絡が来て、月曜日に決まりました。本命ではないとはいえ、大事な大事な入社面接です。

「ちょうどその時、東大との試合が3戦目までもつれて、月曜日に行われることになりました。もちろん面接も大切ですが、試合が最優先なのは言うまでもありません。日曜日、神宮球場から帰る途中、信濃町の電話ボックスから味の素に電話をかけて、日程変更をお願いしようと考えました」

当時は、インターネットが今ほど普及していませんでした。一般企業は土曜日、日曜日は休日です。

「守衛室の電話につながり、親切な人が人事の方に連絡をしてくれました。事情を話して、日程変更をしてもらうことになりました」

求人の少ない〝就職氷河期〟でも温かい対応をしてもらった栗原さんは幸運でした。水曜日に野球部のブレザーを着て会社を訪れた栗原さんは後方から肩をポンと叩かれ、「東大をなめてただろう」と言われたのです。声の主は人事の担当者でした。

本人にとっては大事な公式戦でしたが、味の素社の社員にとっては関係がありません。それなのに、試合結果を気にしてもらったことに栗原さんは感動したのです。

「ほかの人からすれば、東京六大学の試合はただの部活じゃないですか。それなのに、気にしてくださって「すごいな」と思いました。私はここで気持ちを入れ替えて、本気で入社試験に臨みました」

栗原さんは最終面接をクリアし、無事に内定通知を受けました。

「当時は今ほどインターネットが普及していなくて、スマートフォンもありませんでした。企業研究もそれほどできなくて、味の素という会社がどういうところかをよく知りませんでした。ただ、他社の面接を受けた時に「内定が出ているなら、味の素に行ったほうがいい」と言われて」

味の素社は、1909年に事業を開始。その後、世界初のうま味調味料『味の素』が発売されました。以来110年以上、「おいしく食べて健康づくり」という志を持ち続けている会社です。食品事業、ギフト事業、アミノ酸事業のほか、医療事業も手がけており、3万5000人近い従業員が働いています。

入社1年目の終わりに浮かんだ疑問

栗原さんが大学を卒業した1999年には、サラリーマンが働き詰めだった〝バブル時代〟の名残がまだありました。

「私が中学生の頃、リゲインという栄養ドリンク剤のCMで「24時間戦えますか♪」という歌詞が流れていたのを覚えています。その頃の印象が強くて、社会に出てサラリーマンになったら、自分の意思を封印して企業の歯車になるものだと思い込んでいました」

栗原さんのお父さんが簪《かんざし》をつくる職人だったこともあり、会社がどういうものかを理解していませんでした。

「大学時代のキャリアとかコネクションと関係なく就職を決めたので、野球との縁は切れたものだと思いました。未練みたいなものは全然なくて、これから命じられる仕事をとことんやろうとだけ考えました」

こうして、栗原さんはずっと続けてきた野球から卒業し、社会に出たのです。

栗原さんは名古屋支社に配属になり、味の素社の製品、『CookDo』や『ほんだし』をスーパーマーケットなどに売り込む営業の仕事を任されました。

「初めて仕事をしてみて、自分なりに成長を感じる一方で悶々としていました。「歯車になる」と決めたものの、「本当にこれでいいのか」という想いがあって」

1年目が終わる3月に、新入社員を集めてフォローアップ研修が行われました。そこで、栗原さんは人生を大きく変える言葉と出合うことになるのです。

「中学からの同級生が味の素社にいて、久しぶりに再会しました。彼が義理の兄について熱く語るんです。「あの人は本当にカッコいい生き方をしている」と」

ある総合商社に勤めるその義兄はかなりのやり手でした。仕事がとにかくできる。しかし、彼の目標は仕事の成果をあげることではなくて、いずれ自分の力でハワイで事業を起こすこと。そのために会社の仕事を利用して人脈を築き、ビジネススキルを磨いているらしい。「自分を成長させながら、人生の目標達成のために会社を利用してもいいんじゃないか」と友人に言われたのです。

「その言葉を聞いて、頭を何かで殴られたようなショックを受けました。「歯車になろう」としか考えていなかった自分が情けなくなりました」

長く体育会で過ごしてきた栗原さんは命令されたことを遂行するのは得意でした。誰よりも早く、大きな声で返事をして即座に行動に移すことができました。自分には「考えないで動く」ことが求められているとも思っていました。

しかし、友人と会話をしたあと、「俺にとってのハワイとは何か」を考えるようになったのです。

「はじめは、何も浮かびません。それでも考え続けるうちに、社会人になる時に一度切り離したスポーツではないかと思うようになりました」

人脈を広げるために名古屋と東京を往復

栗原さんはスポーツに関わる仕事について調べ始めました。

「野球部時代からトレーニング好きで、体の構造などにも興味がありました。トレーナーや治療家になることも考えたのですが、専門学校などに通い直す必要があります。それには、時間もお金もかかる」

そこで、栗原さんは自社の事業についても見直しました。

「当時はスポーツに関する事業はまったくありませんでした。唯一あったのが、「アミノバイタル」というスポーツサプリ、アミノ酸のサプリメントを扱う事業でした。味の素という会社はもともと調味料の会社ですが、もっと言うとアミノ酸の会社なんですね。

アミノ酸はほかに医療用の点滴輸液として使うものもあって、世界のシェアの6割くらいを占めています。だけど、病気の人にしか使ってもらうことができない。もっと利用者を拡大させることを考えると、健康体でありながらアミノ酸の摂取を必要とするような、体にダメージを負っている人と言えばスポーツ選手ですよね。そのために開発されたのがアミノバイタルでした」

しかし、可能性の大きさに気づいているものの、この事業に関わるアイディアを持つ人は多くありませんでした。

「まずは、会社の中で私が一番スポーツを知っている人にならないと、「俺のハワイ」にはたどりつけないと考えました」

栗原さんはまだ名古屋勤務のままでしたが、週末になると東京へとやってきました。

「スポーツの人脈が私にはありません。それをつくるためには神宮球場に行くしかないと考えました。東京六大学の開幕に合わせて、東京と名古屋を行き来しました。もちろん、交通費は自腹で。プライベート用の名刺をつくって、野球界やそれ以外の競技関係者に配りまくりました」

名刺交換するだけで人脈を築くことはできません。お礼の電話をし、再会のお願いをすることで知り合いの輪が少しずつ広がっていきました。

「アミノ酸というものがアスリートに対してどれだけの効果をもたらすのかを社内で勉強し、それを伝えていきました。たとえば、社会人野球のトレーナー研修会に出て、「アミノ酸のコンディショニング活用」をテーマに話をさせてもらう。社内では誰も、私がそんなことをしていることは知りませんでした。自腹でサプリメントを購入して、いろいろな人に配り、いろいろ試していきました」

こうして栗原さんの〝課外活動〟は入社2年目から4年間続きました。

「時には、野球やサッカーをしている子どもたちの保護者を対象にした勉強会にも出ました。そこで私はアミノ酸について話すんですが、保護者が興味を持っているのは食事のこと。「どういう食事をつくれば背が伸びますか」「うちの子は食が細いんですが、どうすればいいですか」「試合の日には何を食べさせればいいですか」とか。そして最後に「味の素さんならわかるでしょ?」と言われました」

栗原さんはこの時、スポーツをしている子どもの保護者が食事に関していろいろな悩みを抱えていることを知ったのです。

「でも、私はまだ食事や栄養についての知識が不足していました。味の素の看板を背負っている以上、中途半端なことはしゃべれません。会社には管理栄養士がたくさんいるので、自分から質問して情報を整理していきました」

しかし、ここで栗原さんは壁にぶつかりました。

「一時期、うま味調味料に対してネガティブな情報が流れたことがあって、会社にいる管理栄養士の多くは味の素の調味料が有害ではなく、安心安全であることを広く知らせる、啓発活動を主な仕事としていました。ですから、私が保護者たちから受けた「栄養」に関する質問に対して答えてくれる人が社内にいなかったのです」

保護者の悩みを解消する方法

途方に暮れた栗原さんは自分で調べることにしました。

「もう完全に独学です。分厚い専門書を読みまくり、実践で栄養の知識を身につけました。それが私の原点です。その後、アスリートの食のサポートをすることになりますが、一切、

「栄養士」などの資格は持っていません。よく「栗原さんはものすごく詳しいですけど、管理栄養士なんですか」と聞かれますけどね。私はスポーツと栄養をよく知っているだけ、「ブラック・ジャック(1970年~1980年代に人気を博した医療漫画。医師免許を持たない天才的外科医が主人公)」のようなものですと冗談を言うこともあります」

栗原さんは〝課外活動〟を通じて自分の見識を広め、なおかつ、歴史のある会社に足りないもの、〝急所〟に気づいたのです。

「味の素という会社は、食卓においしさを届けることで成長してきました。でも、世の中の人たちは次のフェーズに入りかけている。おいしさ+αを求めていると気がついたのです」

ニーズがそこにあるならば、対処しなければいけない。「保護者の悩みを解消するためには?」と栗原さんは考え続けました。

「そうしないと、子どもたちのために一生懸命にやっている保護者に失礼じゃないですか。その想いは今もあります」

そんな栗原さんの想いが会社に通じたのでしょうか。入社5年目の夏(2004年7月)、東京に転勤。２００３年に始まった『ビクトリープロジェクト』に、栗原さんは少し遅れて参加することになりました。

『ビクトリープロジェクト』とは、ＪＯＣ（日本オリンピック委員会）と始めた、日本代表選手とその候補選手を対象とした、国際競技力向上およびメダル獲得数増のための、「食とアミノ酸」によるコンディショニングサポート活動です。

「アミノ酸のサプリメントはまだ、世の中の人にあまり知られていませんでした。ですから、まずは、オリンピックを目指す日本代表を応援するサプリメントであることを訴えたい。弊社はＪＯＣとのパートナーシップを築き、選手たちの栄養についてサポートをする座組をつくろうとしていました。ただ、一番の目的は、アミノバイタル、アミノ酸サプリメントの広報普及でした」

栗原さんは２００６年冬季に行われるトリノオリンピックに向けた活動を任されました。

「アスリートに対して「アミノ酸をうまく活用すればコンディションの整え方を変化させることができる」と伝えられるチャンスを得ました。だけど、本当の意味でよい状態を保つためにはサプリメントだけでは十分ではありません。栄養の土台、すなわち食事がしっかりしていないと効果は生まれにくい。つまり、栄養摂取の重要性についてきちんと伝えられない限り、効果は限定的なものになってしまうのです」

いろいろな課題を抱え、さまざまな葛藤を抱えた栗原さんでしたが、まだこのプロジェクトの中で発言力も影響力も発揮することができませんでした。

マーケティングのプロになる！

2006年2月、フィギュアスケートの荒川静香さんが冬季トリノオリンピックで金メダルを獲得しました。

「私は荒川さんのサポートをさせていただき、これからもっと！と思っていたのに、大会後に『ビクトリープロジェクト』から一時的に外れることになりました。「おまえのエネルギーを今度はアミノバイタルを売ることに使ってほしい」と言われました」

しかし、アスリートをサポートすることに手応えを感じていた栗原さんは反発しました。

「俺は売るためにこの会社に入ったんじゃない。日本のスポーツを支えるためにいるんだ」

という想いがあったからです。

「俺はプロとしてこの仕事をしてるんだ。それがあんたにわかるか！」

そんな言葉がノドまで出かかりました。

栗原さんは辞令を受けてから1カ月、出社を拒否。普通であれば、ここで厳しい処分が下されても仕方がありません。しかし、栗原さんを評価する人がどこかで守ってくれたのでしょう。1カ月悩んだ末に栗原さんが下した決断は「アミノバイタルを多くの人に売ること」でした。

「本当に1カ月、悩みに悩んで、その答えを出しました。アミノバイタルを多くの人に売ることで、栄養の大切さ、アミノ酸摂取の効果が多くの人に伝わる。そうすれば日本のスポーツに貢献することができるはずだと考えたのです」

栗原さんはいきなり大胆な施策を打ち出すことができました。

「アミノバイタルのユーザー拡大キャンペーンとして100万人サンプリングを行い、ユーザーを増やす方向に舵を切りました。目的は売上を増やすことだけではなくて、定期的に使っていただく人たちを増やすこと。そうすれば元気にスポーツする人も増え、売上も上がると考えました」

アミノバイタル部に配属となった栗原さんは、マーケティングをイチから勉強することにしました。

「アイテムの開発、マーケティングの基本などを学ぶ貴重な〝修行〟期間になりました。厳しくはあったんですが、そのおかげで知識も力もついたと思います」

栗原さんの「日本のスポーツを支える」という強い想いを下支えするものがしっかりできていました。

日本のトップアスリートから学ぶ

2008年に行われた北京オリンピックのあと、味の素社はJOCのゴールドパートナーになりました。

「私も北京オリンピックに行きましたが、アミノバイタルのサンプルを渡すくらいの活動しかできませんでした。それまではサプリメントに限定したパートナーシップだったんですが、ゴールドパートナーになったことによって味の素がつくる調味料やスープ、甘味料など、会社トータルの食品までカテゴリーを広げることになりました。

また、東京都北区にあるナショナルトレーニングセンターのネーミングライツを2009年5月に取得。「味の素ナショナルトレーニングセンター」に改称されました」

トップアスリートとの関わりはさらに増えました。

「オリンピックの日本代表候補になるような選手は、そもそも実力、地力がすごい。自分の力だけでそのレベルまで上がってくるくらいでないと世界とは戦えません。それは、自分も野球の世界でやってきたのでよくわかっています」

しかし、国の期待を背負って世界中の猛者と戦うためには、個人の素質や力量だけでは太刀打ちできません。

「コンディションをよくする、パフォーマンスを上げるためには〝チーム〟が必要だと私は考えています。そのサポートを味の素という会社全体でさせていただけることになりました」

しかし、トップアスリートにはそれぞれの哲学があり、成功体験があります。簡単には外から意見を取り入れてはくれません。

「時に管理栄養士さんたちは、食品や栄養について数値も含めて体系立てて勉強しているので、どうしても教育的なアプローチになりがちです。「これを実行したほうがいい」「これが正しいから、勝ちたいならこうしよう」と。でも、私はその前にアスリートに興味を持ってもらうことが大事だと思っています」

ここで栗原さんの大学時代の経験が活きます。

「私自身の大学時代を振り返ると、栄養やコンディショニングに関する知識が不足していたから、3、4年生になって伸びなかったんだと思います。自分の失敗例を挙げながら、アスリートにお話することもありました。そうすると、私とは比べものにならないほどの実績を持つ選手たちも真剣に聞いてくれます」

オリンピックの選手村で活動していると、日本代表選手の悩みを聞くことができました。

「実は、オリンピックを最後に競技生活を終える選手がたくさんいます。そういう選手は、試合後、帰国するまでリラックスして過ごしています。選手たちとソファに座って談笑しながら引退後のプランを聞いたりすることもありました。

パリ2024オリンピックの「JOC G-Road Station」で、栗原さん(右から2番目)がサポートしている競泳日本代表選手たちと
写真＝JOC提供

日本代表として戦ったほどの選手であっても、引退後の生活にはみんな不安を感じていました。長く活躍した人ほど、「社会に出てどうなるか」と思っていました。私に何ができるわけでもありませんが、彼らの経験や想いについて聞き、アスリートの内面を知ることができました」

アスリートとの信頼関係を築く

のちにフィギュアスケートで世界王者になる羽生結弦《はにゅうゆづる》さんと出会ったのは、2013年の夏のことでした。まだ18歳だった羽生さんはコンディションに不安を抱えていました。

「当時の連盟幹部に「コンディションを崩して風邪をよく引く。栄養に問題がありそうだ」と言われて、羽生さんに会うことになりました。栄養、コンディションに関する話なのでまじめそうな管理栄養士が来ると思っていたらしく、ニコニコ笑いながらやってきた私の顔を見て少し驚いたようでした。

その後、羽生さんのサポートをすることになったのですが、後日彼は「栗原さんは僕を知ろうとしてくれた。僕を通してフィギュアスケートを知ろうとしていた」と言ってくれました」

信頼関係を築くカギがそこにありました。

「アスリートと話をする時、はじめから改善点や欠点を挙げても、素直に聞いてはくれません。みんな、自分の弱みや課題を他人には見せたくない。そういうものだと私は理解しています。だから、その前にやることがある。信頼関係ができれば、そのうちに相談もしてくれるようになりますから」

その人が信頼できるかどうかをアスリートは見ています。

「しばらくしてから、「食べること自体があまり好きじゃない」とか「何に気をつければいいですか」とか、話してくれるようになりました。おそらくどこかのタイミングで私という人間を見抜いたんでしょうね。彼のコンディションを聞きながら、その状態に合う栄養に関するアドバイスをさせてもらいました」

羽生さんは2013年当時のことをこう語っています。

「4年に一度の大会に向けて、食事の改善を図ろうというタイミングでした。当時の僕はまだ、滑り切る基礎的な体力もなくて」

羽生さんの活躍は目覚ましいものでした。2014年ソチオリンピック、2018年平昌オリンピックで2大会連続の金メダルを獲得。国民栄誉賞も受賞しています。

データを使って最善の方法を探す

フィギュアスケート日本代表として活躍した、ある女性アスリートのことが印象に残っていると栗原さんは言います。

「彼女はオリンピックの前のシーズンに疲労骨折してしまいました。原因は栄養不足。小柄で、ものすごく頑張る選手でした」

複数のジャンプを跳ぶフィギュアスケーターは体重が増えることを嫌がります。

「本来はものすごくたくさん食べる人なのに、体重が増えないようにと食事の量をセーブしていました。エネルギーが必要だということを理解していても、どうしても抑えようとしてしまったようです」

その選手の性格を把握したうえでアドバイスすることが大事だと栗原さんは言います。

「そういう考え方を変えるのに時間がかかりました。頑張り屋さんであればあるほど難しい。食べると体重が増えてしまう……という思い込みが怖い。そうじゃないんだよということを、データを使って説明するようにしています」

アスリートの食をサポートしていくなかで、それぞれのコンディションをチェックするためのツールができました。

「体組成（体重と体脂肪率）の変動を毎日、見ていきます。健康状態（体調、疲労、筋肉痛、食欲、便通）をアスリートに5段階でチェックしてもらいます。練習の強度も入れて、それらを掛け合わせることで客観的なデータになります。

厳しい練習をした時に体重の変動がなかったか。練習がハードすぎて食事の量が減って体重も落ちたとかがひと目でわかります。1週間分のトレーニングや食事のデータをアスリートから送ってもらって、私たちがフィードバックしていきます。このスキームは私が開発したものです。

選手たちの練習量やコンディションがガラス張りになった状態で、週に1回コミュニケーションを取ります。実際に会わなくても大丈夫。アスリートが海外にいても問題ありません」

アスリートの毎日の記録を追うことで見えるものがあります。

「メンタル的に落ちているなとか、風邪を引きそうだなということまでわかるようになりました」

トップアスリートで試す

2004年のアテネオリンピックから、味の素社は『ビクトリープロジェクト』として選手村で活動していましたが、2016年リオデジャネイロオリンピックから役割が変わりました。JOCから委託を受けて、「JOC G-Road Station」(選手たちは「ジーロード」と呼んでいます)を運営するようになりました。「金メダルまでの道の駅」という意味で名付けられました。

「以前は調味料やスープ、みそ汁や食品を摂取できるようにしていました。選手たちは当然、正しい摂取の方法を聞いてきますので、栄養の摂り方なども説明する役割としてその場にいました。

「ジーロード」は選手村の外のアクセスのいい場所に設置され、アスリートが立ち寄りやすく、食べ慣れた和軽食で栄養補給する環境ができました。それによって、われわれのサポートは格段にレベルが上がり、「うま味」のきいたさまざまな食べ物を提供しています」

どうして味の素社は「うま味」にこだわるのでしょうか。

「うま味の会社であるから当然なのですが、グルタミン酸といううま味成分はアスリートに摂ってもらいたい大切なアミノ酸だからです。

グルタミン酸は、胃や腸のエネルギー源になります。多くの国で伝統的にうま味のきいたメニューから食事を進めます。日本では味噌汁がそれにあたります。胃や腸が働くために必要なものなんです」

特にアスリートにとって、このグルタミン酸が大事だと栗原さんは言います。

「うま味のきいたものを摂取することで、胃排出がスムーズになります。アスリートが試合に臨む前までには、食べたものが速やかに消化されないといけない。お腹に溜まっていないことって大事なんですよ」

また試合期のアスリートにとって、脂質は大敵です。

「脂質を消化するのにはものすごく時間がかかります。できるだけ脂質をカットし、うま味をきかしたものであれば、速やかな消化吸収につながりますから。アミノ酸の摂取に関する一般の方のデータはたくさんあるのですが、より体に負荷のかかっているアスリートのものはありません。

アミノ酸の働きについて、トップアスリートで試すことができたというのは、会社として大きなことでした」

栗原さんは「それができるのは味の素しかない」と胸を張ります。

食のサポート役としてできること

トップアスリートに近い立場で食のサポートをする栗原さんが気をつけていることがあります。

「国を背負って戦う日本代表、常にいい成績を求められるトップアスリートの近くにいればいるほど、その人に何かを言うのが難しくなります。

アスリートの周辺には多くの役割がありますが、時に彼らが選手にぶら下がっているように見えてしまうことがあります。

でも、私たちの場合、アスリートから給料をもらっているわけでもありません」

優秀なアスリートに対しても、フラットな関係を保つように心がけています。

「変に遠慮することなく、言うべきことが言えるような関係でいたい。私たちはプロとして、アスリートとチームを組んでいるのであって、選手にぶら下がることは絶対に許されない。『それぞれがプロの仕事をしよう』と『ビクトリープロジェクト』のメンバーにいつも言っています」

食のサポートだけではなく、心のケアをすることもあります。

「時には、お菓子を出して、選手の心をリラックスさせることもあります。わざとおチャラけたことを言って雰囲気を和ませることも。なぜかというと、食と心の両方が密接に結びついているからです。

メンタル的に問題がある時、食は進みませんよね。食卓は楽しくあるべきだと私は思っています。大きな試合の前でも、食事の時はいつもと変わらず、ニコニコした状態で食べられるように。私たちがいることでリラックスできるように、普段から、そういう存在になろうと考えています」

笑顔でご飯を食べることが一番大事

スポーツをしている子どもたちの保護者と接して、栗原さんには思うことがあります。

「子どもの食事に関する勉強会などで食に対する意識の高い保護者と話をする機会がありま す。その場におられるのは、スポーツ好きなわが子のことを考えている人ばかり。

多くの人が食に関する悩みを抱えています。子どもの食が細い、食べるのが遅い、好き嫌いが激しい……悩みはそれぞれなんですけど、私はよく、こう言います。「たくさん食べなさい」とか「これを食べないと」とか強制していませんか、または食卓で勉強やスポーツの結果の話をしていませんか、と。食卓が楽しい場所にならないと、子どもたちは食べることを好きにはなりません」

栗原さんの言葉を聞いて、多くの保護者がうつむいたり、涙をこぼしたりすると言います。

「とにかく、食事の時は難しい話をせず、ニコニコ、パクパクできるようにしてほしい。たくさん食べてほしければ、楽しい食卓にしないと。笑顔でご飯を食べることが一番大事だと思っています」

それが『ビクトリープロジェクト』のスタイルだと栗原さんは断言します。

大学を卒業するまで野球ひと筋だった栗原さんは、10代に向けてこんなメッセージを送ります。

「私がこれまで関わってきた『ビクトリープロジェクト』は自分の力ではできなかった。誰かひとりでは無理です。私は文系の人間、それも体育会出身で栄養士の資格があるわけではないですけど、多くの先輩や研究者のおかげでプロジェクトを進めることができました。みんなで力を合わせて、ひとつの脳みそになれば、大きな壁も突破できる。

大事なのは自分の得意分野を持ちながら、まわりの人と連携すること。それだけわかっていれば、10代の時にどんなことをするのか、どんな道に進むかはどうでもいい」

いろいろな経験をして、「自分はこれを頑張ってきた」と思えるようにしてほしいと栗原さんは言います。

「私にとっては野球がそうでした。苦しい時に自分を支えてくれました。「本当にこれを頑張った」と誇れる経験をして、「頑張れる人間」になることが一番大事だと思います。そうすれば、周囲の頑張る人とチームが組めます」

パリオリンピックは閉会しましたが、2028年ロサンゼルスオリンピックに向けた戦いはもう始まっています。

栗原さんの「俺のハワイ」探しの旅はまだまだ続きます。

※章扉の写真は、栗原さん(右)が初めてサポートした、スピードスケートの小林正暢さん(中央)との写真。

3 整形外科医◎中村格子さん

なかむら・かくこ
整形外科医、スポーツドクター、医学博士。高校生の時に目指したスポーツドクターの夢を叶え、各種日本代表のチームドクターに。長年の診療・指導経験から誰でも取り組みやすい独自のエクササイズを提案しメディアでも活動。

もしあの時、〇〇〇しなければ人生が大きく違っていたかもしれない――そんなことは誰にでもあります。

のちに整形外科医としてアスリートの治療に関わることになる中村格子さんにとって、高校生の時に友人の病室に見舞いに行ったことがターニングポイントになりました。

中村さんはこう振り返ります。

「友人がひざの靭帯を断裂して入院した横浜市立港湾病院に行った時、担当の先生がスポーツドクターだったのです。高澤晴夫先生という、ひざ前十字靭帯治療の第一人者。スポーツドクターというのは、当時は、ものすごく珍しい存在でした。

そこに入院しているのはスポーツ選手ばかり、それも国体に出るようなトップクラスの人たちでした。その時、『スポーツ選手を治療するドクターになりたい』と思いました」

幼い頃から中村さんは水泳、テニス、ハンドボールなどに打ち込む日々を送りました。1970年代に人気だった『エースをねらえ!』は『週刊マーガレット』に連載されたスポーツ漫画です。

「私も『エースをねらえ！』に影響を受けて、部活でテニスをやっていました。体格的にも恵まれていて、スポーツが大好きで「将来はスポーツの世界で生きていきたい」と思ったくらい。環境が整えば、すごい選手になれたかもしれない」

しかし、中村家の教育方針がそれを許しませんでした。

「うちの両親は「スポーツで生きていくのは大変だから、勉強して資格を取りなさい」と言っていました」

憧れのスポーツドクターになるために

中村さんが10代の頃にはまだ女性がつける職業には限りがありました。男女雇用機会均等法が成立したのは1985年。1966年生まれの中村さんが横浜緑ヶ丘高校を卒業した年でした。

「資格があれば、女性がひとりでも生きていけるからという考えでした。疲れて勉強に支障をきたすような部活はダメ。プロの選手でなくても、スポーツに関わる仕事につきたいという気持ちは芽生えていたのですが、具体的には思い浮かんでいませんでした」

そんな時に友人の見舞いに訪れた病院で、目指すべき仕事に出合ったのです。

「法律関係の仕事をしていた父にもいろいろ相談しました。「格子は人に教えるのが上手だから学校の先生や保育士は？」などと言われていたんですけど、先生や保育士が接するのは子どもだけ。あらゆる年代の人を見ることができる医者を目指すことに決めました」

部活動に励みながら、中村さんはテーピングなどを学びました。

「高校生ながら、その頃日本に入ってきたテーピングの治療法を自分なりに勉強して、捻挫をしたチームメイトに巻いてあげたりしてましたね」

中村さんがターゲットに定めたのは国公立大学の医学部でした。

「高校3年生の夏までハンドボールをしていたので、受験勉強が追いつかず、1年間浪人することになりました」

1986年4月、横浜市立大学医学部に入り、1992年に医師免許を取得しました。横浜市立大学付属病院の整形外科学教室に入局し、同大学大学院生となりました。

「高澤先生が横浜市立大学病院の整形外科におられたので、「私も横浜市立大病院の整形外科に！」と思って6年間医学部に通い、整形外科に入りました。産婦人科にしようか、小児科にしようかなどと考えたこともありましたが、「やっぱり高澤先生のようなアスリートを診るスポーツドクターになりたい」と思って」

中村さんが10代の頃に抱いた「スポーツ選手を治療する人になりたい」という想いが結実したのです。

「私が幼い頃には、スポーツドクターという医者がいることなど知らなかったので、あの時にお見舞いにいかなければ、スポーツドクターになろうとは考えなかったでしょう。本当に出会いは大切だと思います」

スポーツドクターはその選手の人生を支える存在です。ケガをすれば確実にパフォーマンスは落ちますし、メンタルに与える影響も大きい。

「私は高校時代にケガをしたことがあったんですけど、きちんとした治療を受けられなかったことが悔しさとして残っています。それがスポーツドクターを目指したきっかけのひとつでもあります。

実は、大学の医学部のカリキュラムの中で、スポーツ医学を体系的に学ぶことは難しいのです。整形外科に関することは学びますが、トレーニングについても、運動生理学を教わることもありません。だから、スポーツドクターの先生のところに行ったり、トレーニングの専門家のところに行ったりして、自分で勉強するしかなかった」

もし自分から積極的に動かなければ、スポーツドクターとしての進路は開けなかったことでしょう。

手弁当でスポーツの現場に

その後、厚生連相模原協同病院で整形外科医員となった中村さんは、アスリートの治療に携わるようになりました。

「大学院を出て、はじめに派遣されたところが相模原協同病院でした。８人ほどの整形外科医がいるなかで４人がスポーツドクターでした。先輩医師たちはラグビーやバスケットボールなどのチームに関わっていたので、所属の選手たちがよく通院していました。私は助手として、手術や治療に関わらせていただくようになりました」

1998年2月には冬季オリンピックが長野で開催され、スピードスケートやスキージャンプ日本代表のメダル獲得で盛り上がりました。

「その後、私が栃木県に住んでいる頃に新しい出会いがありました。日光という町はスピードスケートとアイスホッケーが盛んなところ。石幡忠雄さんという方が長野オリンピック、2002年ソルトレークシティオリンピックでスピードスケート日本代表の監督をされていて、恩師である高尾良英先生の紹介もあり、ソルトレーク大会のあとからスピードスケートの日本代表につかせてもらうことになりました」

中村さんは2003年から2012年まで、トップ選手たちと関わることになりました。

2003年当時、中村さんは日光市民病院の整形外科科長として多忙な日々を送っていました。

「1回の海外遠征の期間はだいたい1週間くらい。病院と相談し、私が不在で診察できない時に代わりのドクターを手配して、代表チームの遠征にも私が帯同できるようにしてもらいました。毎年、夏のカルガリー合宿、ワールドカップには行くようにしていました」

スケートだけではありません。日光には、日光アイスバックスというアイスホッケーチームがあります。

「もともと古河電工の実業団チームだったのが、1999年にクラブチームになっていました。予算は潤沢ではないし、チームドクターがついているわけでもない。私はアイスバックスのホームである霧降アイスアリーナに通って、救護ドクターをしたりしていました。手弁当でしたが、自分がチームに関わりたくて行っているのでまったく気になりませんでした」

報酬と言えるほどのものはありませんでしたが、中村さんはチームに関わることを選んだのです。

「最近の若いドクターなら「その仕事、いくらですか?」と言うかもしれませんけど、私の場合は「呼ばれなくても行きたい」という気持ちでした。長野県のオリンピック記念アリーナ・エムウェーブで試合がある時には自分で車の運転をして、300キロくらい走ってリンクへ行く。もちろん、ガソリン代は自腹です。そういうことをしていました」

中村さんには、「どうすればナンバー1のスポーツドクターになれる?」「信頼されるスポーツドクターになるためには?」という疑問がありました。

もちろん医師免許を取得していますし、スポーツ医学の知識も手術や治療の経験もあります。しかし、それだけでは足りないと中村さんは考えていたのです。

「日本整形外科学会とか、日本体育協会の認定医の資格を持っていても、スポーツの現場に出て選手に信頼されるところまでいかないと、スポーツドクターである意味がないと私は考えました」

アスリートから信頼されるためにどうすればいいのでしょうか。

「なるべく近くにいて、いつでも相談してもらえるような状態でサポートしてこそ、選手たちの喜びを自分も一緒に味わうことができるだろうと思いました。それが本当にやりたいことでした。

ただ医学的な治療をするだけではなくて、とにかく選手のことを考えて、選手がどのようなトレーニングをしているかなども理解したうえでアスリートの体を診ることができる整形外科医になりたかった。だから、ウエイトトレーニングの指導資格を取ったり、ピラティスの指導の勉強をしたりしました」

選手たちが求めているのは医学的な手術や注射などの治療だけではありません。

「スピードスケートやアイスホッケーの技術的な指導はできませんが、ドクターとして体の使い方やケガを予防するためのトレーニング方法について、理論的に選手に伝えられるようになろうと思っていました」

成長するアスリートの共通点

自国開催となった1998年長野オリンピックで5個のメダル（金2、銅3）を獲得した日本のスピードスケートは、2002年ソルトレーク大会ではひとつしかメダル（銀）を取れず、2006年トリノ大会はゼロに終わりました。

この時期に日本代表として活躍した選手に田畑真紀選手がいます。1974年生まれの彼女は、2001年の世界距離別選手権（ソルトレーク）1500mで銀メダル、2003年の世界距離別選手権（ベルリン）1500mで銀メダルに輝き、2010年バンクーバーオリンピックでは団体追抜で表彰台に上がりました（銀メダル）。

中村さんはこう言います。

「10年間、スピードスケートのトップ選手を見させてもらいましたが、みんな、本当にまじめ。その中でも一番感動したのが田畑さんでした。

夏合宿の頃、田畑さんに「コンディションを整えるために私はどんなエクササイズをすればいいですか」と聞かれたので、彼女に必要なアドバイスをしました。1年後に再会した時「先生に教えてもらったエクササイズを毎日やりました」と言うんです。「そのおかげでコンディションが整っています」と聞いて、涙が出るほど感動しました。やらないといけないと思っていても、地味なエクササイズを実際に毎日コツコツと続けられる選手は多くありません。本当に彼女は素晴らしい」

田畑選手はスピードスケートを引退したあと、自転車競技に転向してオリンピックを目指しました。

「いろいろな人と接するうちに、私の部屋に入る時の態度や話を聞く姿勢を見て、その選手が伸びるかどうかがわかるようになりました。アドバイスを聞いてもやらない選手も多いのですが、伸びる選手ほどどんな話でも聞こう、何でも吸収してやろうという態度がはっきりしています。そういう選手はそのうちに大きく伸びます」

のちに日本を代表するスケート選手となる小平奈緒選手の貪欲さに中村さんは驚かされました。

「小平さんは特にそういう姿勢が強くて、「スケートがうまくなりたい」と思い続けた選手です。彼女は信州大学のスケート部にいた時にワールドカップの日本代表に選ばれました。その時は年齢が一番下の選手であまり目立たない存在でした。コーチにもあまり指導を受けられず、自分でラップを測るような選手でした」

ある時の海外遠征で休息日に中村さんは選手たちを連れて街に出ました。気晴らしも必要だからです。

「私はまだ30代でチャラチャラしていたので(笑)、練習のない日はガイド役になって、コーチや選手たちと繁華街にでかけました。ミュンヘンのカフェで和気あいあいと談笑している時に、小平さんだけ浮かない顔をしている。「どうしたの?」と聞くと、「私はこんなところでおしゃべりをするのではなく、もっと練習したいんです」と言います」

ほかの選手と一緒に街に出たものの、本心ではリンクから離れたくなかったのです。

「毎日、自分が成長しているという実感があったから、こうしている時間がもったいない、と。ひとりだけ、焦っていました。だから「スケートがしたい」と言う」

その言葉を聞いた瞬間に、中村さんは小平選手の成長を確信しました。

「目の前の楽しいことよりも、自分がうまくなること、強くなることに集中していましたから」

自分が信頼されていると実感する時

2010年バンクーバーオリンピックで団体パシュート銀メダルをつかんだ小平選手は、2018年平昌オリンピックの500mで、オリンピック日本女子スピードスケート史上初の金メダルを獲得。1000mでも2位で表彰台に上がりました。2022年に36歳で引退するまで、スケートひと筋の生活を送りました。

「その年齢までやり切ったのは本当にすごいと思います。アスリートはいろいろな人に支えてもらえるから、長く競技生活を続けることができる。小平さんは、自分が努力をすることに加え、感謝の気持ちをきちんと表現することができる選手でした。

遠征が不本意な成績に終わったあと、「先生に喜んでもらえる結果にならず、申し訳ありません。これからの1年間頑張って、必ずいい成績を残します」と、メッセージをくれるような選手でした」

中村さんは2012年でスピードスケート日本代表から離れることになりましたが、その後も付き合いは続きました。

「直接的な関わりがなくなってからもオランダ遠征の様子を教えてくれたり、自分がつくった常備菜の写真を送ってくれたりしましたよ」

アスリートはドクターの何を見ているのでしょうか。

中村さんは言います。

「私のことを信頼してくれているんだなと実感するのは、体を触らせてくれる時と相談してくれる時ですね」

トップにいるアスリートは繊細です。自分の体を他人に触れられたくないという気持ちが強くなります。見えないバリアを張る選手もいます。

「心を開いてくれていない選手は緊張しているし、「触らないで」と思っているのがわかります。はじめはどの選手もあまり触らせてくれません。しっかりとした信頼関係を築くことで安心して体を私にゆだねてくれるようになりますし、いろいろなことを相談してくれるようになります」

同じ日本代表メンバーであっても、ライバルです。だから、選手には体や心の不調をまわりに気づかれたくないという気持ちがあります。プライベートで悩みを抱えていても、相談できる人が少ない。

「信頼関係ができたあと、プライベートの相談をされることがありました。同じ選手仲間にも、コーチにも、家族にも言えないことがあるじゃないですか？　誰にも打ち明けられない相談を受けたことは何度もありました」

選手の喜びや悲しみを、中村さんは間近で見てきたのです。

「だから、深く関わった選手と今でも付き合いがありますし、よく遊びにも来てくれますよ。そういうのは本当にうれしいですね」

新体操〝フェアリージャパン〟とともに

2009年、中村さんは国立スポーツ科学センター（JISS）医学研究部の研究員になりました。

「三重県で世界新体操選手権が行われる年で、日本代表に関わることになりました。当時、新体操の選手は体重管理が厳しくて、選手たちは前日よりも体重が少しでも増えたら練習をさせてもらえなかったんです。中には極端な食事制限をしている選手もいました。

コーチも選手時代にはその方法で成果を残してきたからそのような指導法を続けていたんですけど、そういうやり方を変えていきました。食べないダイエットは危険です。10代でそういうことを続けると、ある年齢になった時に支障が出てしまう」

アスリートは目の前の成績にこだわって無理をしてしまうものですが、引退してからも人生は続きます。

「先生たちと「このやり方は間違ってますよね」という話をしました。10代で食べない過

世界選手権の会場にて、コーチや代表選手たちと（右端が中村さん）　写真＝本人提供

剰なダイエットをした人は、その後、必ず肥満になるというデータがありますから。食べさせないんじゃなくて、「その子が食べられる適切な食事を」と山﨑浩子強化本部長（当時）と決めてから、しっかり食べても選手が太らなくなりました」

問題は食事だけではありません。当時、日本代表の練習時間は1日に10時間以上もありました。

「練習量が多すぎるとリカバリーができない。故障の原因にもなりますので、そういう部分の改善もしてもらえるように話をしていきました」

新体操の日本代表、〝フェアリージャパン〟は2010年世界選手権（ロシア）で団体総合4位、2012年ロンドンオリンピックで団体総合7位、2016年リオデジャネイロオリンピックでは団体総合8位に入りました。

2017年の世界選手権（イタリア）団体総合で、42年ぶりにメダル獲得（銅）を果たし、2019年の世界選手権（アゼルバイジャン）の種目別（ボール）で団体史上初の金メダルに輝きました。

スポーツ医学の進化と難しさ

「この20年で、スポーツ医学は本当に進化したと思います」と中村さんは言います。「ACL（ひざ前十字靭帯）の手術方法もそうです。私が高校生の時に見て「これは〝神〟だな」と感じたオーバー・ザ・トップという手術法なんて、もうやる人がいなくなってしまいました。もっと新しい手術方法が生まれています」

２０２３年９月に、メジャーリーガーの大谷翔平選手が二度目となる右ひじの手術を行いました。

彼のようにひじの側副靭帯再建術（トミー・ジョン手術）を受ける投手はアメリカにも日本にもたくさんいます。50年前に初めて行われた手術法はどんどん進化しています。

「大谷選手がやったハイブリッドと言われる人工靭帯を入れる方法もあります。まだまだこれからも医療技術は進んでいきそうです」

プロ入り前の高校生や大学生など、10代のうちにトミー・ジョン手術に踏み切る投手も多くいます。

「アメリカの選手はすぐに手術をやっちゃいますからね。ボールを投げるという動作のなかでひじに大きな負担がかかるから手術が必要になるんです。だから、一度手術をしても、また同じことが起きる可能性は高いですね。投球動作自体を変えていかないと」

160キロを超えるスピードボールを投げる投手の場合、一度手術をしてもまたひじが耐えられなくなる可能性があります。

「速いボールを投げたい」という気持ちはわかりますが、予防に力を入れるべきだと私は思います。

これまで本当にたくさんのオペをやらせてもらいましたが、手術した体は手術した体になるだけで、前に戻るわけではありません。神様がつくってくれた人間の体は本当に完璧なので、手術などをしないで治すことが一番大事だと、長くスポーツドクターをしてきてそう思います」

多くのトップアスリートの手術をしてきて、考えさせられることがあります。

「トップレベルのアスリートは言ってみれば、F1カーみたいなものじゃないですか。どれだけ速く走れるか、最大限の効果を追求していく。一方、一般の人の体は日常的に使う自家用車のようなものですから、普通の病院の治療は、ずっと使っている愛車をいたわりながら、長く乗れるようにするもの。当然違いはあるのですが、医師としてはどちらもできないといけないと私は考えています」

中村さんはF1カーを支えるエンジニアであり、一般道を走る車の整備士でもありたいと思っているのです。

自動車メーカーが最高峰のレース、F1に参戦するのは、そこで蓄えたノウハウを一般の自動車に還元して、よりよい車をつくるためです。それと同様に、アスリートの治療や手術、リハビリテーションにも大きな意味があるはずです。

「こっちがちゃんとできないと、もう一方ができない。逆もまたそう。アスリートから学ぶことも多いし、日常診療もものすごく勉強になりました。30代の時、私は両方を経験することができて本当によかったと思っています」

健康スポーツのよさを伝えるために

しかし、中村さんはトップアスリートと関わりながら、一般の患者の診察・治療を行うことである矛盾を感じていました。

「長くアスリートを見ているうちに、競技スポーツと健康スポーツがあまりにもかけ離れているように感じました。本来、スポーツは健康になるためにすることなのに、アスリートはどうしても無理をするし、体を痛めつけることもたくさんあります。「それはどうなんだろうか」と思いました。どちらも健康に還元されないといけないのに、「何のためにスポーツはあるのかな」と」

中村さんが「健康スポーツのよさを世の中に広めたい」と考えるようになったのは40歳になった頃でした。

「そのあと、本の出版のお話をいただき、いろいろな企画に挑戦することになりました」

2012年4月に出版した『実はスゴイ！ 大人のラジオ体操』（講談社の実用BOOK）は発

売3日で15万部を超える大ヒット。その後も、『もっとスゴイ！　大人のラジオ体操　決定版』（講談社の実用ＢＯＯＫ）や、『体のコリがすべて消える　究極のストレッチ』（日経ＢＰ）など多くの書籍を出しています。

「自分の伝えたいことを多くの人に伝えることができて、私は本当にラッキーでした。私の力ではありませんが、その頃から日本人の健康に関する考え方は変わってきたように思います。都会に住む方はよく歩きますよね」

中村さんがラジオ体操に関する本を出版した時、それをマネた書籍が他社から数多く出版されました。それでも怒りはありませんでした。

「マネされるということが、それが本物であるという証拠だと考えています。編集の人は怒っていましたけど、私は全然（笑）」

日本人の健康の底上げを！

中村さんにとってのもうひとつのターニングポイントは、ある患者さんのひと言を聞いた瞬間でした。

「私が相模原協同病院で勤務している時、腰痛で来た患者さんに「腰痛は一生治らないから」「どうせ医者は、レントゲン撮って、注射して薬と湿布を出して終わりなんだろ?」と言われました。

私は患者さんにそう思われていることがものすごくショックでした。その患者さんはマッサージに行ったり、パーソナルジムで鍛えたりして、一時期はよくなったみたいですけど医者が信用されていないことが中村さんにはショックだったのです。

「整形外科医は腰痛を治せないと思われているのか……。「それじゃ、詐欺師みたいじゃないか」と。だから私は治せる医者になりたいと思って、ずっとやってきました」

2014年、東京都渋谷区代官山にDr.KAKUKOスポーツクリニックを開設し、院長になりました。

「もし自分がクリニックを開いたら、患者さんをちゃんと治せるようになりたいと考えました」

クリニックには、多少の痛みがあっても日常生活で不自由がなければいいという患者さんもいれば、本格的にスポーツに取り組むための治療を必要とするアスリートもいます。高齢の方も、10代の人も通ってきます。

「うちのクリニックには理学療法士もいます。スポーツトレーナーとは少し違っていて、その競技に合った体の強化法も勉強しないといけない。それぞれ、スポーツの経験を持っていますが、もっと学ぶべきことがたくさんあります」

院長である中村さんが先頭に立って、模範となるべく動いています。

「私はスポーツドクターとして、新体操をしている人と関わるためには、新体操の動きを理解しないといけないと考えました。踊りがわかるようになるために、バレエを始めました。アドバイスをするためには必要なことです。ほかの競技の場合もそうですね。

私が今後やりたいことは、日本人の健康の底上げです。私がこれまで得た技術や知識、方法を若い医療者に伝えていきたいですね」

そのために中村さんは、トップアスリートと一般の患者さん両方の治療を続けているのです。

4 Jリーグ　FC町田ゼルビア広報◎西村実紅さん

©FCMZ

にしむら・みく
1998年京都府生まれ。立教大学卒業後、2021年サイバーエージェント入社。アイドルグループ乃木坂46のモバイルサイトのディレクション等を担当。23年にFC町田ゼルビアにて広報をつとめる。

幼い頃に見た光景は長く心に残るものです。

サッカーのＪ１（Ｊリーグ１部）で２０２４年シーズンの優勝争いをリードするＦＣ町田ゼルビアの広報をつとめる西村実紅さんは幼い頃からよくラグビー場にいました。

「母方の親戚にラグビー経験者が多くて、ラグビーの試合をよく見ていました。おじの中村直人（同志社大学→サントリー）は日本代表としてプレーしていたこともあります（日本代表キャップ数は20）。今とは違って、社会人のラグビーはあまり人気がなくて、観客席がスカスカだったことを覚えていますよ」

しかし、西村さんは自身のことを「あまり運動神経がよくなくて」と言います。

「小学生の時は水泳をしていましたが、それほどの選手ではありませんでした。中学生になってからチアリーディング部に入り、仲間を持ち上げたり、ダンスをしたりしていました。そのあとケガをしたこともあって、高校ではラグビー部のマネージャーになりました。

立教大学ではラグビー部のトレーナーになりました。マネージャーは主に経理の処理やグラウンドの手配などをするんですが、トレーナーはウエイトトレーニングの補助、選手の栄養管理、ケガをした選手にテーピングを巻いたりします」

西村さんは〝裏方〟と言われる仕事を10代のうちからずっと続けていたのです。

立教大学ラグビー部は1923(大正12)年創部(日本の大学ラグビーでは7番目)、2023年に100周年を迎えた歴史のある部です。1929(昭和4)年には関東大学ラグビーで優勝を飾ったことがあります。しかし、西村さんが入学した時は対抗戦Bグループ(2部)に落ちていました。

「私が3年生の時(2019年)までは2部だったんですが、その後、1部に上がりました」

アスリート選抜という入試制度を使って入学するエリートもなかにはいますが、全国的には無名の選手ばかりでした。

「アスリート選抜で入ってくるのが毎年3人くらい。早稲田大学や明治大学、帝京大学のように、高校時代に実績のある選手は多くありません。

私自身は高校の時からマネージャーよりもトレーナーとしての適性があると感じていました。テーピングを巻いて、選手に「ありがとう。また頼むよ」と言われた時には、トレーナーとして小さな喜びを感じていましたね。ラグビーはとにかくケガの多いスポーツで、みんな、いつもどこかが痛いと言っていました」

トレーナーとして対話の大切さを学ぶ

15人制ラグビーの場合、ポジションによって体格も適性も違います。スクラムを組むフォワードとランの回数が多いバックスの選手とでは故障する箇所も種類も変わります。

「痛みの感じ方も人それぞれなので、痛みの程度を細かく聞きながら、少しでも痛みを軽減できればと思っていました。自分でも驚くくらいにうまくテーピングを巻けた時には最高の気分になりました」

我慢強い選手もいれば、痛みに弱い選手もいます。

「どれくらいの痛みなのか、どんなふうに痛いのかはなかなかわかりません。言葉で説明するのがうまい人も、そうじゃない人もいる。患部の状態を見ながら、手で触りながら、「この前はこうだったから、今度はこうしてみよう」といろいろな工夫をしていました」

西村さんはトレーナーとして選手と触れ合うなかで、対話の大切さを学んだのです。ラグビーは激しいコンタクト（接触）を伴うスポーツです。相手と正面衝突することも珍しくありません。

「試合中や練習中に脳震盪《のうしんとう》を起こすことがよくあり、選手を止めるのに苦労しました。アドレナリンが出ている時には痛みを感じないようですが、やっぱり危険なので」

こうして選手のサポートを続けるうちに、西村さんにはこんな想いが芽生えました。

「私自身はプレーでは貢献できないけど、違う形でなら役に立てる。チームや選手をサポートすることが好きなんだなと思うようになりました」

フィールドの中に入ってプレーすることはありませんが、西村さんはみんなと一緒に戦っていたのです。

今から30年以上前は、猛練習こそが勝利への近道だと考える指導者ばかりでした。水分も摂らず、朝から夜まで過酷なトレーニングに励むチームが多かったのですが、現在では効率的なトレーニングと十分な休養、栄養の重要性が認知されるようになりました。

西村さんは栄養指導の面で、選手たちにアドバイスを行いました。

「コンタクトスポーツなので、筋肉をつけないと故障してしまいます。それがわかっているので選手たちは積極的にウエイトトレーニングをやりますし、食事の内容についてもよく考えています。意識の高い選手は毎日の食事の写真を送ってきて「これでいいかな？　ほかに何を食べればいい？」と聞いてきます」

ラグビー部員は80人ほど。自宅から通う選手もいましたが、ひとりずつコメントを返すだけで大変な手間です。しかし、西村さんは苦労だとは感じていませんでした。

「食に対する意識の高い選手がラグビー部には多いと思います。送られてきた写真を見て「タンパク質が足りないかも」「もっと野菜を食べないと」と指摘するようにしていました」

西村さんにとって最後のシーズンになる２０２０年、立教大学ラグビー部は1部リーグで戦うことになりました。対戦するのは、全国の高校からエリートを集め、猛練習で鍛えあげた強豪ばかり。

「それまで2部にいた私たちの目標は、1勝して1部に残留することでした」

そのシーズンを1勝6敗、7位で終えた立教大学は現在も1部リーグで戦っています。

「ラグビーという競技はほとんど番狂わせがありません。高校生の時点でかなりの実力差があるので、4年間で追いつくのは難しいですね。でも、いい経験をさせてもらいました」

コンテンツづくりに携わるために

西村さんが就職活動を始めたのは大学3年生の秋くらいから。

「はじめは、単純にテレビが好きだったのでテレビ局で働きたいと思っていました。試験を受けてある程度までは進めるんですけど、なかなか通らず……途中で面接官に「今どきの若い人はテレビなんか見ないでしょ？　それなのにテレビ局で何をしたいの？」と聞かれました」

その時、西村さんは改めて自問自答しました。

「私自身、「毎日見るのは朝のニュースくらいかも？」と気づいた時に別の選択肢があるんじゃないかと思いました」

少しターゲットを広げた時に目に入ってきたのがサイバーエージェントという会社でした。設立は1998年——当時25歳の創業者・藤田晋《すすむ》さんが立ち上げたIT会社です。

「いろいろ調べているうちに、AbemaTVを見つけて、それをサイバーエージェントが運営していることを知りました。テレビ局ではありませんが、いろいろなコンテンツをつくっていました。面白そうだなと思って就職試験を受けたら、内定をいただきました」

サイバーエージェントは2000年3月に東証マザーズに株式上場を果たしました。2005年にアメーバ事業部が新設され、メディア事業に参入してブログサービスを始めました。2010年には1000億円近い売上をあげています(966億円)。

2011年にスマホシフトを宣言し、Cygamesを設立し、ゲーム事業に参入することになりました。テレビ朝日と合弁会社を設立して、AbemaTVを開局したのが2015年のことです。

2018年10月にJリーグクラブ経営に参入しますが、この時点で西村さんがいずれその事業に関わることになるとは誰も知りませんでした。もちろん、西村さん本人も。

「サイバーエージェントという会社を選んだのは、コンテンツをつくったり発信したりすることができそうだと思ったから。エンタメ系の仕事をしたいという想いがあったので、それに一番近いだろうと。テレビ局に入るよりも、コンテンツづくりに携われる可能性が高いとも考えました」

サイバーエージェントのトップである藤田さんは1973年生まれで、当時まだ40代。当然、社員は若い人ばかりです。

「就職試験の面接でも、私の話をよく聞いてくれました。若い人の意思を尊重してくれる会社ですね」

入社試験の時にいくら主張しても、自分が希望する部署に配属されるとは限りません。普通の会社であれば、意に沿わない仕事に回されることは珍しくないのです。

「でも、サイバーエージェントは社員の性格や意思を尊重してくれる会社です。実際に『コンテンツをつくりたい』と言った私の希望が通ることになりました。

就職試験の時には、その会社に入りたいから希望を曲げる人もいるじゃないですか？　採用されるためにウソというか、本当には思ってもいないことを言うことも多いんです。だけど、サイバーエージェントでは自分の想いを素直に話すことができて、そんな雰囲気にも惹かれました」

パソコンも使えないところからのスタート

西村さんが配属されたのはCAMというグループ会社。これからの時代を生きるビジネスパーソンを応援するビジネスバラエティメディアである『新R25』など、エンタメコンテンツ、ビジネスバラエティメディア、ライフスタイルメディアを主軸に30以上のサービスを運営するところでした。

「入社早々、希望したコンテンツづくりに携わることができました。私は、アイドルグループ「乃木坂46」のモバイルサイトをディレクターとして担当することになりました。エンジニアやデザイナーと一緒に、自分たちが考えた企画を形にしていく仕事でした。

IT企業と聞くと、「仕事がキツそう」とか「数字にシビアそう」と思う人がいるかもしれませんが、そんなことはありません」

アーティストの芸能活動をサポートするための施策を考え、デジタル技術を駆使しながら実現していくことになりました。ライブなどリアルな場でも、ファンを楽しませるためのさまざまなアクションを起こしていきました。

入社してすぐに、西村さんはひとつの壁にぶつかりました。

「私は大学時代にラグビー部のトレーナーをしていたので、実際の仕事を体験するインターンシップをしたこともありませんでした。はじめは満足にパソコンも使えず、タイピングもできなくて、いろいろと苦労しました」

小学生、中学生のうちからパソコンやタブレットを使って授業をする学校も増えましたが、西村さんは未経験のままで社会に出たのです。

「パソコンの基本的な使い方も、ビジネスメールの書き方もわかりません。IT会社の社員なのにパソコンが使えないというところからのスタートでした」

ここで周囲の人に突き放されれば業務が滞ることになりますが、西村さんは先輩の助けを得ることができました。

「まわりの人たちがひとつひとつ丁寧に教えてくれました。資料のつくり方もわからなかったので、何から何まですべて。みなさんのおかげで、基礎的なことをすぐに覚えることができました」

想いはあっても整理できずまとまらない考えも、先輩にぶつけることで少しずつ形になっていきました。

「壁打ちの相手をしてくれて、「それならこっちのほうがいいんじゃない？」とアドバイスしてもらうことが多かったですね。会社の環境や雰囲気にもすぐに慣れました」

西村さんに求められたのはパソコンの技術ではなく、コンテンツづくりに対する意欲とアイディアだったのでしょう。まわりの理解を得て、好スタートを切ることができました。

「企画をたくさん提案してもなかなか通らないということはありましたが、自分たちが考えた企画で売上があがったり、評価された時はうれしかったですね。入社してすぐに数字として結果が出る仕事に関われるというのはなかなかないことなので、幸運だったと思います」

自分たちの提案によってコンテンツが生まれ、それが数字で評価されたのです。

「普通なら、自分の仕事の成果を友達とかに知ってもらう機会はなかなかないと思いますが、私たちの身近に感じられるアイドルグループの仕事なので、周囲からの反響もありました」

またスポーツに関わりたい

サイバーエージェントがＪリーグクラブ、ＦＣ町田ゼルビアの経営に関わっていることを、西村さんは就職活動をしていた時から知っていました。

「面接試験の時に話題にあがったこともあります。AbemaTVでもスポーツ中継をよくやっていましたから、もし関われる機会があるなら『やってみたい』と言いました。どうやらそれが、人事関係の資料として残っていたようです」

ＦＣ町田は東京都町田市を本拠地として、１９８９年に設立されたサッカークラブです。１９９８年にＦＣ町田ゼルビアに改称され、２０１１年にＪリーグ入会が正式に承認されました。２０１８年10月にサイバーエージェントのグループ会社に入りました。

２０２２年10月、青森山田高校を率いて7度も全国優勝を果たした黒田剛さんが監督に就任。12月に藤田晋さんが代表取締役社長兼ＣＥＯになりました。

２０２３年にはＪ２優勝を果たし、Ｊ１昇格を決めたのです。

「黒田監督、藤田社長就任というタイミングで、サイバーエージェントからスタッフが補充されることになり、私に声がかかりました」

Jリーグが設立されたのは、1998年生まれの西村さんが生まれる前の1992年。

「私が小学生の時にはサッカーの日本代表がワールドカップに出場するのも、Jリーグがあるのも普通のことでした。同級生の男子たちでサッカーをする子も多かったですね。ほかのスポーツをしている人でも、「みんなが好きなのはサッカー」という印象でした。でも、実家のまわりにJリーグのクラブはなかったので、私はどこかのサポーターではありませんでしたし、私自身、日本代表で活躍する選手くらいしか知りませんでした。本当にミーハーですみません（笑）」

西村さんはフラットな状態でJリーグのクラブに関わることになったのです。

「年代や性別にかかわらず、ワールドカップの時などはみんなで盛り上がって感動することができる。そういうところがスポーツのいいところだと思います。

またスポーツに関わりたいという気持ちがあったので、FC町田ゼルビアに加わるという話をもらった時にはいい機会だなと思いました」

神奈川県にある中学校・高校に通った西村さんには町田市出身の友達が何人かいて、町田に遊びに来たことはありましたが、サッカークラブの存在には気づきませんでした。

「あの頃、看板や広告でも見た記憶がありません。地元出身の友達も知らなかったかも」

FC町田ゼルビアの広報になって

2023年シーズンから、西村さんはチームに加わりました。

「私が入った時、選手たちは沖縄でキャンプをしていました。「広報をやりたい」と言って入った以上、選手の名前と顔、プロフィールを覚えないとと思って頑張りました。でも、ホームページの写真と実物が少し違っていて戸惑った部分はあります。ひとりが金髪にしたらほかの選手も染め始めるというのもありますし(笑)」

プロサッカーのクラブは2月にキャンプを行い、2月から12月までシーズンを戦います。

「2023年は広報未経験の私ともうひとりで担当することになりました。前任者からの引き継ぎはなくて、前年までの資料も揃っていない。ほかと兼務している部長はキャンプ地の沖縄にいる……」

何をやっていいのかわからないというところから、広報の仕事が始まりました。本当にゼロからのスタート。

「いろいろな人に「何も知らないので教えてください」とお願いして回りました。Jリーグの人にもいろいろな質問もしたし、メディアの人にも失礼なことを聞いたことがあるかもしれません。黒田監督の就任1年目だったこともあって、取材の人数も多くて、混乱も戸惑ったこともたくさんありました」

高校サッカーで名将と言われた黒田監督に対する注目度は高く、チームへの期待も高まっていました。

最悪の状況を想定して準備する

監督や選手、チームの状態を把握したうえで、サポーター、地域の人たちに対して情報を発信するのが広報の仕事。新聞やテレビ、ラジオなどのメディア対応もしなければなりません。

「黒田監督にも優しく接してもらえますし、コーチや選手もグラウンド上とは気持ちを切り替えて話をしてくれます。サッカーという競技のことはあまり詳しくないのですが、聞くべきことはみなさんに聞いて、発信すべきことを発信していく。そういう1年目でした。とにかく、ヌケ・モレなくコミュニケーションできるように心がけました。

チームに帯同していると、空気や選手の表情からわかることがあります。ピリピリしている時には、選手たちとの接し方には気をつけないと。そういう意味ではずっと気を張っていますね」

2023年シーズン、FC町田ゼルビアはジュビロ磐田《いわた》、東京ヴェルディ、清水エスパルスなどJ1で優勝経験のある強豪がひしめくJ2で戦いました。

勝ち星が増えていけばいいのですが、負けが重なれば空気は重くなるものです。勝敗がそのままチームのムードに関わります。

「シーズン前は「チームの勝ち負けが仕事に直結するから大変だよ」と脅されていましたた（笑）。勝利が続いても「このままいくはずがない」と言われて、いつも最悪の状況を想定しながらいろいろな準備を進めていきました。この試合に勝ったらこう、負けた場合はこう、と2パターンをいつも考えながら。もちろん、勝つことを願っていましたけど」

ＦＣ町田ゼルビアは42試合を戦って、26勝7敗9分で見事にＪ２優勝を飾りました。

「開幕から連勝して、その後も勝利することが多くて、Ｊ２で優勝、Ｊ１昇格を経験できてうれしかったですね。大変なこともたくさんありましたけど、広報としてはこんなにありがたいことはありません」

チームの優勝をみんなで喜べる最高の場所に西村さんはいることができたのです。

「優勝した瞬間は『夢なのかな？』と思いました。選手やスタッフはもちろん、サポーターにも町田に住んでいるみなさんにも喜んでいただくことができました。サイバーエージェントの社員もそうです。

こんなに素晴らしいエンターテインメントに関わることができて、幸せな瞬間について発信することができて、本当に光栄でした。こんな経験は二度とできないかもしれないと思いました」

Ｊ１に昇格しても首位を快走

Ｊ２で優勝したＦＣ町田ゼルビアはＪ１に昇格。トップリーグでの戦いは苦戦が予想されましたが、２０２４年も開幕から快進撃を見せました。ガンバ大阪、鹿島アントラーズ、ヴィッセル神戸などを抑えて首位を走ったのです。

「開幕前、Ｊ１で簡単に勝てるわけがないと思っていたのですが、本当にすごいですね。Ｊ２の時よりも観客がたくさん入ること、テレビ中継のカメラの台数が増えたことには驚きましたが、それ以外、広報の仕事としては大きく変わることはありません。私自身は２年目だということがあり、去年よりも落ち着いて仕事ができるようになりました」

Ｊ１で戦うほかのクラブには歴史があり、熱いファンがたくさんいます。今こそ、広報の力の見せどころです。

「去年と比べて広報スタッフの体制が整備されたこともあって、それぞれの役割が明確になって働きやすくなっています。その部分でも、１年目の経験が活きています。

チームが順調に勝っているので、私たちも負けずに頑張らないとと思っています。おかげさまでサポーターの数が増えていると実感していますが、まだまだこれからです」

西村さんの心配の種は、ＳＮＳでの発信が思うように拡散できていないことです。

「親会社がＩＴ会社のサイバーエージェントだということもあり、個人的にはものすごくプレッシャーを感じています。Ｊ２で優勝した２０２３年もインスタグラムのフォロワーとかは下から数えたほうが早くて……チームが勝っていることをうまく利用してどんどん増やしていかないと。サッカーの成績は１位なのに、ＳＮＳでは最下位というのでは恥ずかしくて、みんなに顔向けができません」

チームの魅力を発信すること、スタジアムに集客すること、認知度をもっと上げること。西村さんに課せられたことはたくさんあります。

「今、広報チームで頑張っているので、少しずつ伸びていっています。サイバーエージェントがデジタルの会社なので、余計に頑張らないと。通常の広報業務をきちんとやりつつ、もっと発信力を強化していきたいですね」

具体的には何をどうしようと考えているのでしょうか。

「新しい情報を発信することもそうです。「バズりそうだな」ということを常に考えながら、いろいろな人にヒヤリング、情報収集をしています」

サイバーエージェントでの新人時代の経験がここで役に立ちました。

「サイバーエージェントの人とも積極的にコミュニケーションを取って、AbemaTVなど外部に露出できるメディアと協力する機会を常に探っています」

好きになってもらうきっかけをつくる

サッカーは真剣勝負なので、勝つこともあれば負けることもあります。

「勝敗に関係なく、スタジアムに来てよかったなと思ってもらえるようにしたいと考えています。負けが続いたとしてもサポーターが離れていかないように。試合に負けても、クラブを愛してくれる人をもっと、もっと増やしていきたい」

負けた試合で何を見せるのか――プロの選手たち、スタッフには難しい課題が与えられています。

「負けた試合でもネガティブな発信だけではなくて、インスタグラムなどでも結果以外のことをみなさんに伝えられればいいなと考えています」

サッカーの試合は90分。全力で戦う選手たちのパワー、エネルギー、想いを伝えるのが広報の仕事でもあります。

「勝敗にかかわらず、素晴らしいプレーがたくさんあります。得点にはつながらなかったけどいいパスが出たとか、目立たないけどこのプレーのおかげで失点を防げた、とか」

SNSの動画の再生回数は誰もが見ることができます。そういう意味でも、広報の責任は重大です。

「私がチームに入る前からホームスタジアムの町田GIONスタジアムが〝天空の城〟と呼ばれていたりと、独自の広報、斬新な発信をしてきたクラブです。そういうベースがあるので、後発のクラブとしてのよさも出しながら、いろいろなことを発信していきたいですね」

ちびっこたちをピッチに立たせる「ふれあいサッカー」は人気のイベントです。

「試合後にはいつも、選手たちが子どもたちと一緒にサッカーをしています。昔から子ど

子どもたちに大人気の「ふれあいサッカー」　©FCMZ

もにサッカーを好きになってもらおうというチーム方針があって、みなさんに喜んでいただいています。

町田GIONスタジアムの外にも芝生のエリアがあって、みんなでサッカーをしていますよ。子どもがサッカー好きになってサッカー観戦に来るという家族も増えています」

もともとサッカー好きではなかった西村さんだから、考えることがあります。

「私は本当にミーハーなので、勝敗以外の魅力があって、スタジアムに行きたくなるようにできればいいなと思います。そういうトレンドをつくりたい。サッカーやFC町田ゼルビアを好きになるきっかけをつくれればと」

好きになるのに理由はいりません。何かのきっかけがひとつあればいい。

「あの選手、カッコいいね」でもいいんです。「スタジアムの芝がきれい」でも。そういう何かをみなさんに提示したいと考えています。それが、おそらくサポーターに一番近いであろう私の役割かなと。斬新なところをどんどん攻めていきます」

熱烈なサポーターを増やすことも大事ですが、初めてスタジアムに来てもらうことも西村さんの重要な仕事です。

「まだ、自分の将来的なビジョンは明確ではありません。とにかく今は、広報の仕事を一生懸命にやるだけ。たぶん、ずっと仕事は続けると思うんですけど、プライベートも大事にしたいタイプなので、家庭もちゃんとしながら、バリバリ働ければいいかなと思っています」

「10代でしかできないこと」の先にあった場所

西村さんには4歳違いの妹がいます。彼女を間近で見てきて、こう思います。

「最近の若い子は、早い段階から「将来の仕事を決めなさい」と言われるみたいで、少しかわいそうですね。10代のうちにしかできないこと、経験しなきゃいけないこともたくさんあるはずです。早いうちに「これ」と決めつけてしまうと、選択の幅が狭くなるような気がします。

とにかく、好きなことをやってほしいし、もっと遊んでほしい。10代の今だから、やりたいことをやってほしいし、「無理かも?」ということにもチャレンジしてほしい」

高校時代にラグビー部のマネージャー、大学でトレーナーをしていた西村さん。幼い頃によくいたスタジアムの風景の中に今、身を置いています。そこが、いろいろな経験をしてたどりついた場所なのです。

「私は部活を好きでずっとやってきて、その時の経験が今に活きていると感じます。10代の頃、将来、スポーツの仕事をしているとは想像もできませんでした。でも、「こんな仕事ができたらいいな」という想いがどこかにあって、それが現実になりました。自分でも本当に不思議ですね」

サイバーエージェントの入社試験で「スポーツの仕事をしたい」と言わなければ、チャンスが巡ってこなかった可能性があります。

「もしやりたい仕事があるのなら、口に出してみることが大事だと思います」

夢は語ったほうがいい!

初めて臨んだJ1のシーズンが終わる時、西村さんは次の目標として何を掲げるのでしょうか。

5 プロ野球代理人◎大友良浩さん

おおとも・よしひろ

1969年神奈川県生まれ。立教大学理学部物理学科卒業後、社会人野球を経て、2000年司法試験合格、02年10月弁護士登録し、現在、はる総合法律事務所パートナー。スポーツ選手の代理人のみならず、上場企業の社外役員等をつとめている。

文武両道という言葉を聞いて、何を思い浮かべるでしょうか。知識や教養、学業の面（文）と体力や武道・スポーツの面（武）のどちらでも優れている人のことを指す言葉です。

たとえば、その県で名を知られた進学校が高校野球の甲子園大会に出場した時などによく使われます。

勉強がよくできて、スポーツでも優秀な成績をおさめるということは至難の業です。なかなかできることではありません。

たとえば、プロ野球で活躍したり、オリンピックでメダルを獲得するトップアスリートは、幼少の頃から練習に練習を重ねるため、学業に打ち込む時間はあまり取れません。一日は24時間しかないので、仕方がない。

逆に、難関大学への進学を目指す進学校では、定期試験の前には練習禁止など部活動に制限が設けられることが珍しくありません。

「文」と「武」の両面を高いレベルで極めることは本当に難しい。だからこそ、文武両道という言葉がいまだに強い力を持っているのでしょう。

野球の世界において、プロ野球が最高のステージであることはよく知られていますが、大学野球もかなりのレベルにあります。大学卒業後すぐにプロ野球で活躍するルーキーの存在がそれを証明しています。

弁護士になるための司法試験は、法律系資格でもっとも難易度の高いもの。司法試験に合格するためには約5000時間の勉強が必要だと言われています（社会保険労務士が約1000時間、宅地建物取引士が約600時間）。司法試験の受験資格を得るためには、予備試験に合格するか、ロースクール（法科大学院）を卒業する必要があります。

野球の東京六大学（もっとも古い歴史を持つ大学野球リーグ）でレギュラーとして活躍したあと、司法試験に合格して弁護士になった人がいます。

そんな経歴を聞くと、特別な人だと思うかもしれませんが、大友良浩さんは至って普通の高校生、大学生でした。

東京六大学で自分の力を試したい

大友さんが入学した神奈川県立厚木高校は、2022年に創立120周年を迎えた伝統校。神奈川県の学力向上進学重点校、国のスーパーサイエンスハイスクール（SSH）に指定されている進学校でもあります。

少年時代から野球好きだった大友さんは野球部に入りますが、この高校は甲子園に出場したことがありませんし、プロ野球を目指して進学する選手はいません。

野球のレベルの高い神奈川県には、慶應義塾、横浜、東海大相模など全国優勝の経験を持つ強豪校がひしめいています。180センチを超える大型スラッガーだった大友さんですが、甲子園出場はおろか公式戦の勝利も遠い。

「夏の大会は3年連続で初戦負け。1勝もできませんでした」と大友さんは振り返ります。

この時点で野球人生が終わっていてもおかしくなかったのですが、完全燃焼できなかった大友さんに「東京六大学で自分の力を試したい」という想いが湧きあがってきたのです。

東京六大学連盟が設立されたのは1925(大正14)年のこと。所属するのは早稲田大学、慶應義塾大学、明治大学、法政大学、立教大学、東京大学(旧東京帝大)の6つの大学。長嶋茂雄さん(立教大学→読売ジャイアンツ)をはじめ多くのスターをプロ野球に送り出してきました。

大友さんが目指したのは、甲子園で活躍した球児が集まる明治大学や法政大学ではなく、1966(昭和41)年以来優勝から遠ざかっていた立教大学でした。

「3年生の夏の大会が終わってから、立教大学の指定校推薦枠があることを知り、募集要項を見て自分の成績を計算したら、合格できるチャンスがあるかもしれないと思いました。普段から定期試験の勉強はしていて成績もそれなりによかったので、チャレンジしてみようと」

明治大学や法政大学の野球部は野球の実績が重視されますが、当時の立教大学にはスポーツ推薦の制度はありませんでした。指定校推薦か一般入試を突破して入学できれば、野球の実績や技量とは関係なく、野球部に入ることができました。

大友さんは厚木高校からの指定校推薦で、立教大学に進学することになりました。

「3歳下の川村丈夫（立教大学→横浜ベイスターズ）は厚木高校の後輩です。彼は高校時代から注目されたピッチャーでしたけど、私のことを知る野球関係者はほとんどいなかったと思います」

2年連続で東京六大学を制覇

大友さんが入学したのは、長嶋一茂さん（立教大学→ヤクルトスワローズなど）が卒業した直後。立教大学はまだ優勝から遠く、長く暗いトンネルの中にいました。まだまだ上下関係が厳しい時代でもありました。

「1年生の時は大変でした。寮生活をしたことがなかったから、細かいルールがたくさんあって、なかなか慣れることはできませんでした」

練習前にグラウンド整備と道具の準備をするのは下級生。日が暮れてから、後片付けも翌日の準備もしなければなりません。大友さんは野球部で唯一の理系だったこともあり、授業でも苦労がありました。実験の授業のために週に一度練習も休みました。

そんななかで、大友さんはチャンスをつかみます。1年生の夏合宿で一軍のメンバーに選ばれました。一塁手としての守備に課題はありましたが、その長打力が期待されたからです。

「神宮球場で行われるリーグ戦に初めて出場したのは2年生の秋(1989年)。あの時の緊張感は忘れられません。初めて神宮球場で打席に立った時には、ひざが震えましたから。そのシーズンは5打席、代打で起用してもらいました」

1989年秋のリーグ戦、立教大学が快進撃を見せました。慶應義塾大学、早稲田大学、明治大学を撃破し、5シーズン連続優勝を狙う法政大学を下してリーグ優勝を飾ったのです。

「あのシーズンの盛り上がりは本当にすごかったですね。週末ごとに観客が増えていって、プロ野球の試合よりも多かったくらいでした。こんなに素晴らしい体験は二度とできないなと思いました」

23年ぶりに行われた池袋での優勝パレードは、今も伝説になるほどの盛り上がりでした(2章に登場した栗原さんが見ていたのがこのパレードです)。

大友さんは3年生になり、レギュラーポジションを獲得。立教大学は1990年秋のリーグ戦でも勝ち星を積み重ね、法政大学との優勝決定戦に勝利して2年連続の優勝を果たしました。

「あの時の法政大学には、のちにプロ野球で活躍した選手もいました。こちらは高校時代には無名の選手が多く、卒業後にプロに行く人もいなかった。それでも勝てたことが自信になりました」

「東京六大学で自分の力を試したい」と思って入学した立教大学で、大友さんは想像していなかった栄冠を勝ち取ったのです。

少しでも長く社会人野球でプレーを

大友さんの野球人生はまだまだ続きます。

「大学を卒業したあとも、高いレベルで野球をやりたいと思ったので、野球部ができたばかりのリクルートに入社しました」

大友さんが社会に出たのは1992年4月。日本中が沸きたった〝バブル景気〟は終わっていましたが、その残り香はありました。

「リクルートで何かの仕事をしたいというよりも、野球を続けたくて選んだ感じですね。自分の実力を冷静に考えたら、プロ野球を目指すのは現実的ではない。なるべく長く社会人野球でプレーしようと思っていました」

社会人の野球チームは、会社の仕事もしながら、終業後や週末に練習するのが一般的。なかには、仕事が午前中だけで終わり、午後から練習を行う強豪もあります。

「リクルートに入ってすぐの頃は、平日の練習は1回であとは週末だけでした。その年の秋頃からは午前中に仕事をして、そのあと練習というスタイルになりました。

当時、社会人野球では金属バットを使っていたんですけど、大学時代よりも打撃がよくなったという実感がありました。でも、目標としていた都市対抗野球大会に出場することはできませんでした」

野球に費やせる時間が多いということは、社業に関わることが少ないということでもあります。プロ野球に進める選手であれば問題はないのでしょうが、野球を引退したあとに社業に専念する際にはそれがハンデにもなります。

「私は理系出身だったこともあってネットワーク系の事業部に配属され、サーバーの保守などをしていました。リクルートは営業力が強い会社として知られていますが、私がいたのはバックヤードですね。野球を何年続けようと決めていませんでしたが、社業に戻るタイミングは考えていました」

しかし、リクルート野球部は1995年に、当時同じダイエー系のグループ会社であったローソンの野球部として活動をすることになり、ローソン野球部の選手としてプレーを続けることになりました。

「ローソン野球部で2年プレーしました。選手たちは練習グラウンドの近くにあるローソンの店舗の配属になり、午前中には店内でレジ打ちなどをして午後から練習をするという毎日でした」

大友さんは社会人4年目のシーズンが終わる頃、あと1年で野球をやめることを心に決めます。20代後半になり、30代以降の生活を真剣に考えるようになったからです。

野球をやめたあとに何をして生きていくのか――大友さんは難しい問題にぶつかったのです。

「現役を引退したあと、リクルートに戻って社業に専念する人もいます。でも、野球を続けている限り、本流にはなれないというか、会社の戦力としてはあまり考えられない。戻る選択肢はあっても、正直、どれだけ貢献できるかもわかりません。

少しでも長く、できる限りは野球をしたいと思っているうちに時間が経っていました。リクルートに戻ったとして、どんな仕事ができるだろうかと考えました」

28歳で弁護士を目指して勉強開始

その時、大友さんの頭に浮かんだ目標は、資格を取って独立することでした。

「私は理系で物理専攻だったので、特許の出願などをする弁理士の資格を取ろうかと考えたのですが、のちに奥さんになる彼女に話したら「何それ?」と言われました(笑)。ほかの資格も調べるうちに、弁護士資格を取れば、弁理士、税理士としても仕事をすることができるとわかりました」

野球人生の終わりが見えていた大友さんは、「それならば弁護士資格を取ろう」と思い立ちました。弁護士という職業を知らない人はおそらくいないでしょう。しかし、簡単に取れる資格ではありません。

「もう野球で一番上を目指すことはできないけど、一番難しいと言われる司法試験の合格を目指してみようと決意しました」

30歳手前での大きな方向転換に対して、家族から反対の声があがりました。

「それまで何かを反対されたことはなかったのですが、この時は父親に反対されました……。父は東芝に長く勤務していて、司法試験に何度もチャレンジしたあげくに通らなかった知人もいたようで、「それだけはやめとけ」と。私が父親と同じ立場になったとしても、賛成できないかもしれませんね」

司法試験に受かるためには、膨大な勉強時間が必要です。フルタイムで会社勤めをしながらの勉強では難しい。会社を辞めれば収入はゼロ。それに、合格するまで何年かかるかわかりません。

しかし、大友さんは新しい一歩を踏み出すことにしました。

「父親にも3年間ということで納得してもらいました」

こうして、会社を退職して勉強漬けの日々が始まったのです。

大友さんが司法試験に挑むことを決めた25年ほど前は、今と制度が違います。ロースクール（法科大学院）もありませんでした。

「当時、司法試験は年に一度。1次、2次、3次試験とあって、もし1次で落ちたら、また来年。ロースクールはなくて、予備校みたいなところがあっただけですね。下りエスカレーターを駆け上がるくらいの勢いで勉強しないといけないとよく言われました。普通にやっているだけなら、上がっていると感じることができない。少しさぼればすぐに下がっていくのに……」

ストレスで体が悲鳴を上げた

ずっと野球漬けの毎日を送っていた大友さんは机にかじりつきました。

「でも、勉強をすること自体は苦ではありませんでした。法律って、事実があって、その要件をあてはめて効果が出るというような三段論法で、理系的な考え方なんですよね。はじめはよくわかりませんでしたけど、少し勉強すると、理系の人間にもなじむ論理性があることがわかりました」

しかし、日本でもっとも難しいと言われる国家試験のひとつです。すんなりと合格できるはずがありません。

「自分なりに1年間勉強して初めて受けた時は、1次試験で落ちました。「これはヤバいな」と思い、いろいろな人に話を聞きました。

どの年でも、これだけ点数を取れば受かるというラインがあります。当時の1次試験は60点満点で、憲法、民法、刑法が20問ずつあって、合格ラインが42点とか43点ぐらい。45点取れば、まず大丈夫。48点あれば、まあ落ちません。その点数を取ろうと思って勉強していって、翌年、1次試験には受かりました」

まだまだ関門があります。

「初めて論文試験を受けた時、試験会場が早稲田大学だったんですけど、最終日の朝、大学のトイレで呼吸困難になりました。それまで野球をやっている時にはなかったプレッシャーがあったのかもしれません。毒でも撒かれたのかと思ったら、苦しんでるのは私だけで。試験を終えて帰宅して、翌日に病院に行ったら、気胸になっていたことがわかりました。

片方の肺が潰れていて即入院……。それは苦しいはずですよね」

野球選手の時とは別種のストレスにさらされ、体が悲鳴を上げたのです。

「2次試験には落ちましたが、「どうすれば受かるのか」をまたいろいろな人に聞きました。はじめは誰に聞けばいいのか迷ったんですけど、やっぱり受かった人が一番いいだろうと思って、予備校の知り合いにお願いして。

勉強方法は教えてくれますけど、やり方は十人十色。どうすればいいのかは自分でいろいろ確かめながら、試しながらじゃないとわからないので。自分から聞きにいって、答えを探していきました。それは野球と同じだと思いました。「どうすればできるようになるか」は自分次第。ただ教えてもらっても、できるようにはなりません」

大友さんは3度目のチャレンジで無事に合格することができました。

「ずっと勉強を続けていって、3年目の試験が終わって結果発表を待つ間に「もう1年やれば受かるかもしれない」という手応えのようなものがありました。

終わってみれば3年間でしたが、自分にとっては長い長い3年でした」

2000年に代理人交渉が解禁

2002年に弁護士登録をして、大友さんは晴れて弁護士として活動するようになりました。

「弁護士になる時に知的財産や特許に強い事務所を探し、現在のはる総合法律事務所に入りました。3年くらい実務をすれば一通りのことはできるようになるんじゃないかと言われていたので、とにかく3年間は一生懸命にやろうと思って、夜中まで働いたこともあります。そのうちにひとりで法廷にも行くようになりました」

プロ野球選手の組合にあたる日本プロ野球選手会は、球団側に代理人による交渉を求めてきました。しかし、なかなか話がまとまらず、代理人による交渉が正式に認められたのが2000年のシーズンオフ。それまでプロ野球に代理人という仕事は存在していませんでした。

「当時、プロ野球の代理人をしている弁護士自体が少なかったですし、どんな仕事なのかを説明できる人もほとんどいなかったんじゃないでしょうか。球団側はひとりの選手を担当すると、ほかの選手の代理人にはなれないという条件も付けています。

私は弁護士になったばかりでしたし、機会があれば代理人をやってみたいとは思っていましたが、代理人を立てて交渉したいという選手がいなければできません。仕事は縁のものですから」

それまでは、翌年の年俸交渉をする席に球団側の人間が2、3人出席するため、若い選手が萎縮して、言いたいことが言えないという雰囲気があったと言います。

あるプロ野球選手は1980年代の年俸交渉についてこう語っています。

「球団の人には3年間、レギュラーとして活躍してやっと一人前だと言われて、1年だけ成績がいいからと言って倍増することなんかなかったですね。でも、1回保留してやろうと思って、「今日はハンコを持ってないから帰ります」と交渉の席を立ったんです。そうしたら、「三文判をつくってあるから、これを使ってくれ」と言われました。

あの頃はとにかく、選手の立場が弱かった。交渉の席では、球団側が3人でこっちがひとり。選手が座るソファは低くて、球団代表たちを見上げる形になる。だから、圧迫感がありましたね。心理的なことを考えて、そうしていたのかどうかはわからないけど」

プロ野球選手の代理人として交渉に当たる際に議題となるのは、お金のことだけではありません。

大友さんは言います。

「金額について交渉することもありますが、選手の要望や言いたいことを代わりに伝えるという役割もあります。選手には、自分が口に出すことでカドが立つんじゃないかという心配もあったでしょう。所属球団といい関係を保ちたいという気持ちは当然あるので」

1993年のシーズンオフ、日本でFA（フリーエージェント）制度が導入されました。NPB（日本野球機構）が定める資格条件を満たした選手に対して、他球団との交渉・移籍の権利が与えられることになったのです。しかし、当初は一部のスター選手しか行使できない特別なものでした。

それから10年ほどが経ち、何度かの改正の結果、多くの選手が利用できるようなり、FAでの流出を避けたい球団側が複数年契約にも応じるようにもなりました。

「でも、2000年代前半は、球団と選手が対等とまでは言えなかったように思います。球団と対立することで選手が得をすることは少ないから。その後、少しずつ選手の希望が通るようになっていきました」

交渉が決裂して調停申請をすることに

大友さんが初めて代理人となってプロ野球の球団と交渉することになったのは２００９年。西武ライオンズの涌井秀章投手（現中日ドラゴンズ）の代理人となったのです。

「涌井投手が当時所属していたスポーツエージェントからの依頼を受け、１年目にいろいろな交渉をしました。翌年ははじめ関わっていなかったんですけど、球団との交渉が難航したところから依頼を受けて交渉の席に加わることになりました」

当時の新聞にはこう書いてあります。

西武との契約更改交渉が難航している涌井秀章投手（24）の代理人が、12日、日本プロ野球組織（ＮＰＢ）に年俸調停の申請書を提出した。（略）

涌井は昨年、５年連続２ケタ勝利となる14勝（８敗）を挙げた。しかし、球団側の年俸提示は、後半戦の勝利が少なく優勝を逃したことなどを理由に、現状維持の2億円プラス出来高にとどまった。これまでに代理人のみの場合を含めて4回の契約交渉をしたが、提示額の上積みはなく、交渉は平行線をたどっていた。7日の交渉も不調に終わったため、双方で年俸調停の申請に合意したという。

この日、NPBに申請書を提出した涌井の代理人の大友良浩弁護士は「シーズンの評価自体が低く、過去の実績を加味したらなおさら低い」と申請理由を説明。希望額については「他球団のエース級の投手の成績・年俸などをもとに算定した額」と語った。

（2011年1月13日付『朝日新聞』）

大友さんはその時のことをこう振り返ります。

「私が交渉の席に着いた時、球団は「上げないというスタンスを絶対に変えない」と決めていたんでしょうね。こちらが数字を示しながら説明しても、まったく聞いてくれない雰囲気でした」

涌井投手と相談の上、年俸調停を申請することになったのです。

調停委員会の委員長（中央）から年俸調停の結果を受け取る大友さん（左）　© 時事

「5例ほど前例があったのですが、選手側にとっていい結果は出ていませんでした。球団の提示額より上がったのが2例だけで、最高でも150万円でした。

年俸調停することで選手としてのイメージが悪くなる可能性があります。しかし、彼が「納得した形で新しいシーズンに臨みたい」ということで、調停を申請することを決めました」

選手を守るのが代理人の仕事

また、当時の記事を引用してみましょう。

調停委員会（熊崎勝彦委員長＝コミッショナー顧問）は28日、西武との契約交渉が難航していた涌井秀章投手（24）の今季年俸を2億5300万円とすると発表。東京・内幸町の日本野球機構（NPB）事務局で球団、涌井側の双方へ調停額を通達した。昨季年俸から3300万円増は、球団提示額と涌井の希望額の差の66％。調停委はエースとして年間通じての評価を求める涌井の主張を支持した。（略）

調停で明らかになった昨季年俸は2億2000万円。球団の現状維持に対し、申請書で3億円を求めた涌井は21日のヒアリングで2億7000万円に下げた。両者の差額は5000万円。調停委が妥当とした3300万円増（15％増）は両者の差額の66％に当たる。つまり66対34で涌井の主張が認められたわけだ。

最大の争点は昨季の14勝をどう見るか。涌井は1年間通じた評価と5年連続2桁勝利の実績を主張。球団はV逸に直結した終盤戦の不振を現状維持とする根拠に挙げたが、堀内委員は「これは違う」とした。前半戦の10勝（3敗）がなければ優勝争いできなかったと指摘。優勝争いが集客にもつながり、松坂や西口ら過去のエースの成績も考慮した上で熊崎委員長も「1年間の集積で優勝が決まる。開幕の1勝も終盤の1勝も同じ。年俸は年間の成績への対価という基本概念を大事にすべき」と続けた。

▼涌井の代理人大友良浩弁護士　現状維持の根拠に合理性を欠くと判断したが、調停を申請して良かった。涌井選手の主張は（調停委に）理解してもらえたと思う。

（2011年1月29日付『スポーツニッポン』）

年俸調停は涌井選手の勝利に終わりました。

「私の気持ちとしては、もう少し上がってもいいかなと思いました。ただ2月1日から始まる春季キャンプの前に決着がついてよかったですね。選手は球団から「今年頑張れば年俸は上がる」と言われますが、いつ故障するかわかりません。いい結果を残した年には年俸を上げてもらいたいというのが選手の本音ですから」

弁護士資格を有していれば、プロ野球の代理人資格を持てます。しかし、大学や社会人でプレーした経験のある弁護士はほとんどいません。

「もともと私は長く野球をしてきましたし、選手の想いを球団に伝えたいという気持ちがあります。年俸が上がるに越したことはありませんが、それだけが仕事ではありません。球団の事情とか組織の大変さも理解したうえで、球団の人や選手の話を聞くことも面白いし、弁護士として野球に関われることはうれしいですね」

大友さんはその後、武田翔太投手（福岡ソフトバンクホークス）の代理人をつとめています。

代理人として関わることで野球の見方は変化したのでしょうか。

「今でも野球の面白さは変わりません。指導している中学生の野球も楽しいですし、高校野球、大学野球、社会人野球は同世代が監督をしたり、知人の息子さんが出場したりということもあります。プロ野球のみならずメジャーリーグなどグラウンドの選手を見て「すごいなあ」といつも思っています。

ただ、年俸交渉とか契約更改については仕事として見ている部分があるので、少し違いますね。「選手を守る、サポートする」というやりがいを感じています」

プロ野球の代理人、弁護士になるためには？

プロ野球の代理人、弁護士になるためにはどうすればいいでしょうか。

難関大学で法律を専攻し、若くして資格を取る弁護士もいますが、そうではない大学、法学部ではない学部で学んだあとに司法試験に合格する人もたくさんいます。

「必ずしも難しいとされる大学を出ていなくて大丈夫です。社会人になってから法律の勉強を始めたという人もたくさんいます」

中学生、高校生の時に大切なのは、定期試験の勉強をすることだと大友さんは言います。「ちゃんと勉強しろよ」と言われても、何をすればいいかわからないという人もいると思います。どの学校でも定期試験、中間とか期末テストがあるので、そこでしっかりと点数を取れるように。それが基礎学力になりますから」

大友さんは続けます。

「司法試験だってテストです。試験には必ず答えがあります。世の中では、答えのないものの答えを自分で見つけなければならないことが多いけど、答えの見つけ方の訓練はしておいたほうがいいです。そのひとつが勉強だと思います。

正解があるもので、そこにたどりつく方法があるんだったら、それを自分で探しておいたほうがいいんじゃないかなと思います。考え方を学ぶことは本当に大事ですね。普段からコツコツ勉強しておけば、そういう考え方を使って正解を導き出すことができる。何をするのでも、基礎は必要です」

弁護士になるためには特別な才能が必要なのでしょうか。

「法律の知識を持っているということは特別かもしれませんが、それ以外は特にありません。医者には医者の知識や技術があるように、法律家にもそれらがある。でも私たちにプログラミングをやれと言われても、プログラミングの知識がなければ絶対にできませんから」

目の前にあることをあきらめずにしっかり取り組むことが大事なのだと大友さんは強調します。

「勉強もスポーツも一緒だと思います。早く答えにたどりつこうと思っても、近道はどこにもありません。私にとって、大学時代にリーグ優勝したことが大きかった。「やればできるんだな」という成功体験になりました」

高校時代、夏の大会で1勝もできなかった大友さんは大学野球で実績を残して自信をつけて、社会人野球でもプレーしました。アスリート時代の成功体験――「やればできる」があったから、司法試験の勉強漬けの日々に耐えることができたのです。

「スポーツが好きならとことんまで、できるところまでやればいい。ただ、スポーツだけではなくて、学校のテストでしっかりと点数が取れるように勉強することが大切です。特別なことはしなくてもいいから、それだけでも頑張れば力はついてきます」

大友さんが強調するのは、準備の大切さ。

「テストの日ははじめから決まっています。それに向かってどんな準備をするかという話ですよね。スポーツもそうじゃないですか。試合の日は決まっているから、そこに向かって頑張る。同じことだと思います」

文武両道を実践することは容易ではありません。しかし、地道な努力を続けることで近づくことはできます。

大友さんのたどってきた道が、そのことを教えてくれているのです。

6 競技用車いす開発・設計◎山田賀久さん

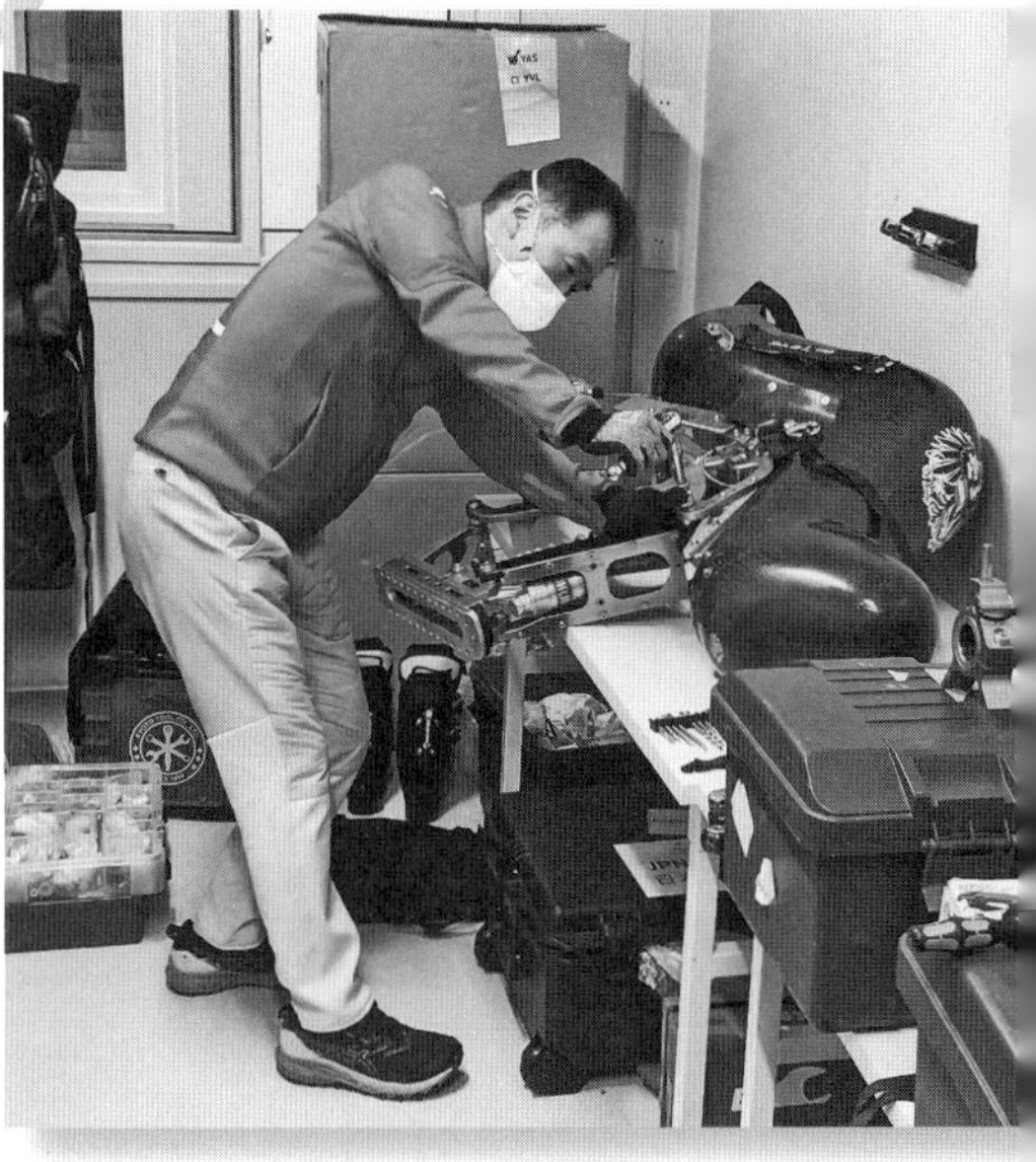

やまだ・よしひさ

1974年岐阜県生まれ。国立岐阜工業高等専門学校機械工学科を卒業後、自動車生産ライン製造会社に入社。2000年に現在の日進医療器株式会社に入社。車いすの開発設計に従事。日本代表チームのメカニックとして国際大会に同行。

インターネットが日本で普及したのは１９９０年代半ば以降。多くの人がスマートフォンを持つようになったのはそれから10年ほど経ってからです。

今はパソコンを開き、スマホの画面をタッチすれば、ほとんどの答えにたどりつくことができます。それまでは、自分が知らないことがあれば図書館や書店で本を探すか、専門家や詳しい人に話を聞くのが一般的な方法でした。

パラアスリートが使用する競技用チェアスキーの開発に関わることになる山田賀久さんにとって、はじめはわからないことだらけでした。

「私は高齢者や障がいのある方が日常で使う車いす、カタログに載っているようなレディメイド車いすの開発、ひとりひとりの体格に合わせたオーダーメイド車いすの作図などを行っていました。そのうち、陸上競技やバスケットボールの競技用車いすの開発にも関わることになりました」

山田さんは自分で車いすを使用したことがなく、どういう苦労があり、どこをどう改良すればいいのかがわかりませんでした。

「競技用の車いすの開発に携わるようになってから、さらにわからないことばかり。当事者が困っていること、想いなどを聞き取ることから始めました」

山田さんは少年時代、野球と剣道に打ち込むスポーツ少年でした。

「高校時代の担任に初めてスキー場に連れていってもらって、50歳になった今でもレジャースキーを楽しんでいます。スキーの理論が理解できずに本当に苦労しましたが、その分、ものすごく勉強になりました」

日本で障がい者スポーツが注目されたのは自国開催となった1998年長野パラリンピックでした。

大日方邦子《おびなたくにこ》選手（アルペンスキー女子滑降座位）、土田和歌子《つちだわかこ》選手、松江美季《まつえみき》選手（アイススレッジスピードスケート）、小林深雪《こばやしみゆき》選手（バイアスロン女子7・5km視覚障害）など多くの女性選手が金メダルを獲得した大会でもあります。

しかし、この頃の山田さんは、パラスポーツのことをあまり知りませんでした。

「初めて勤めた自動車製造メーカーを辞めて、車いすなどをつくる日進医療器株式会社に就職してからですね。1998年に長野で開催された冬季オリンピックは見ていたんですけど、そのあとにパラリンピックが行われたことには全然気づかず、大日方選手が日本人として初めて金メダルを獲ったことも知らなかったぐらいでした」

そんな山田さんがどういうきっかけでチェアスキー開発の第一人者になるのか――10代のスポーツ体験から振り返っていきましょう。

転職先は老舗の車いすメーカー

子どもの頃に野球と剣道、陸上競技をしていた山田さんは高校生になってから野球部に。

「岐阜高専(岐阜工業高等専門学校)野球部が長髪OKのかなりゆるい野球部だったので入部しました。いわゆる熱血の野球部だったら野球はやらなかったでしょうね。3年生までは一応甲子園を目指して戦い、当時の4、5年生は大学のリーグ戦に出ていました」

岐阜高専は岐阜県本巣市にある国立の工業高等専門学校です。山田さんはここで機械工学を学びました。

「高専に入ってからモータースポーツに興味を持ち始めて、その後は何度も鈴鹿サーキットに足を運びました。今も、テレビで中継がある時は必ず見ますね」

5年制の高専を卒業したあと、自動車製造メーカーに就職しました。

「10代の頃に夢があったかと聞かれると、特にありませんでした。ただ、自動車やバイクが好きだったので、漠然と「製造メーカーに行くんだろうな」と自分では思っていました」

しかし、山田さんは25歳で転職。1965年から車いすを製造する老舗の日進医療器で働くことになりました。

「転職フェアでこの会社のことを知って、使ってくれる相手の顔が見えるのがいいなと思いました。日本でさらに高齢化が進むのはわかっていたので、車いすの需要は高まるだろうし、ライバル会社は少ないし。この会社に入ったおかげで、ほかではなかなかできない経験をすることになりました」

はじめは日常用のオーダーメイドの車いすをつくっていた山田さんは、マラソン用やバスケット用の競技用車いすの存在を知ることになります。

「仕事としては日常用の車いすがメインでしたが、そのうちにバスケットやマラソンの競技用の依頼が入るようになりました。ただ、どちらも今ほどは競技用に特化されたものではありませんでした」

ここで、疑問が浮かびました。

「体が悪くて歩けない選手たちは、勝負がかかる試合の時にどのように車いすを使っているんだろうか」

発注者である選手たちがプレーする場所に足を運んでいきました。

「週末に大会がある時に観戦しに行って、どんどんのめり込んでいきました。レーサー（陸上競技用車いす）はむちゃくちゃ速いし、バスケットの選手たちはものすごいプレーをするんですよ。自分では絶対、こんなことはできないと思いました」

そんな時に、神奈川県総合リハビリテーションセンターのリハエンジニアから誘いを受けました。

「研究者でもある沖川悦三《おきがわえつみ》先生がご本人もスキーが好きで、パラスポーツの中でも特にスキーに力を入れておられました。普段、車いすを使っている人にスキーをさせたいと思って活動している方でした。沖川先生にパラスキーに関するいろいろなことを教えていただきました」

車いすユーザーに雪山の大自然を見せたいという想いからの活動でした。

パラアスリートと開発者とのギャップ

長く車いすをつくってきた日進医療器にはもちろん製造に関するノウハウがありますが、スキー用の知識を持った人はひとりもいませんでした。

「沖川先生は神奈川にお住まいなので、名古屋市在住の私との中間点である長野県白馬村で集合して、八方尾根での大会を見ることになりました。そこでは、私が見たことのないスピードでパラスキーヤーが滑っていました」

それが2002年のこと。山田さんはどんどんパラスキーの面白さに引き込まれ、チェアスキーの開発に携わることになりました。

「選手たちと直接会って話をするようになったのは2004年くらいから。それまでは発注されたものをつくっていたのですが、私たちはどういうものをつくっているのかがあまりわからず、選手たちも誰が関わっているのかを知らない状態でした」

選手と開発者の距離がまだまだありました。選手側はつくってもらったものをどのように使うかを考えている状態で、「もっとこうしてほしい」とリクエストできる関係性ではありませんでした。

「それまではお互いのことがよくわかっていなかったんですけど、2002年ソルトレークシティパラリンピック男子回転で6位入賞した森井大輝選手は開発者に会えたことがうれしくて、ほかの選手にも私たちのことを言ってくれたそうです」

選手と開発者の間には、メーカーとリハビリの先生の存在がありました。しかし、両者が話をするようになったことでアスリートの要望が開発者にダイレクトに届き、細かいところまで改良が進むようになりました。

「それまでの伝言ゲームではどうしても限界がありました。体格や障害の程度によって、要望は変わってきますから。私たちにはわからないこと、気づかないことだらけ。

それまではお願いされたことに応えるスピードも遅かったんですけど、「ここ、こうならないですか」「うん、わかった。すぐに直すよ」という感じになりました」

パラスポーツがプロ化していく

オリンピックに出場するアマチュア選手が、報酬を受け取るプロになったのは1980年代。陸上競技でも水泳でもプロ化が進んでいきました。それと同様の動きが、少し遅れて、パラスポーツにも起こりました。

夏冬のパラリンピックで活躍した車いすアスリートの土田和歌子選手は2001年から企業の協賛金で競技活動を進めてきましたし、車いすテニスの国枝慎吾《くにえだしんご》選手は2009年4月にプロ転向を宣言し、4カ月後にユニクロと所属契約(メインスポンサー)を結びました。

目的は大会に出場することではなく、優勝を目指すこと。激しくしのぎを削るプロアスリートが多数出現したことによって、競技のレベルは上がっていきました。

「私が関わるようになった頃はまだプロとして活動する人は多くありませんでした。レジャー的に楽しむ要素もありましたね。日本代表に選ばれた選手たちが海外に行って、スキー大国と言われるヨーロッパの国の選手たちと戦っても、トップ10にはなかなか入れませんでした」

選手たちのレベルアップとともに、マシンの性能向上が求められるようになりました。

「私は本当にいいタイミングで関わることができたと思います。選手側の要求レベルも上がっていきましたが、ほかの国の選手たちがどんなスキーに乗っているのかを見ないと、私も何をどう変えればいいのかわからない」

車いすの老舗であっても、日進医療器に競技用を開発するチームなどありません。山田さんがひとりで関わることになったのです。

「その頃、パラスポーツに対する理解が会社にあったわけではありません。設計の人間が競技用の車いすをつくるために世界を回るなんてことは誰も考えない。私が「でも、行かないとわからないよなあ……」ともじもじしているうちに援軍が現れました」

「世界を見せてあげたいから、山田さんを貸してほしい」と沖川さんが日進医療器の社長にかけ合ってくれたのです。

「期間は1カ月半くらい。普通であれば、そんな長期出張は通りませんよね。でも沖川先生が「世界を見ることは山田さんのためにもなるし、競技用だけじゃなくて日常用の車いすのためにもなるから」と進言してくださって、選手に帯同できることになりました」

選手と一緒に海外を回って得たもの

2008年1月、ヨーロッパを転戦して行われる世界選手権に帯同した山田さん。日常の業務を離れた解放感もあったのでしょう。イキイキと動き回りました。

「スイス、オーストリア、フランスを回って、またスイスに戻る。実際にヨーロッパに行ってみたら、もう楽しくて楽しくて(笑)。外国人選手が使う車いすの写真を撮りまくりました」

選手たちのスキーの動きを見るうちにさまざまな発見がありました。

「日本の選手たちとは少し違うように見えたんですよね。サスペンションが縮んで伸びる時の動きとか、次のターンに移る時とかが。機種が3つくらいあったので、日本に戻ってから図面に起こしました。その当時、そんなことをしているのは私しかいなかったはずですよ」

アメリカ製のものや、ヨーロッパで一番売れているモデルが山田さんの研究対象になったのです。

「旧モデルはどこも同じでしたが、そこから変えていきました。沖川さんの意見も聞き、ヤマハ発動機のみなさんにも動作解析で入っていただき、さまざまな方とコラボすることで唯一無二のものをつくることができました。

はじめからそんなに大それたことを考えていたわけではありません。「スキーヤーのひざの動きができるように」と考えて改良していくうちに、そうなりました」

もちろん、選手たちの意見を聞きながら、さまざまな関係者と議論しながらつくり上げていったのです。

「旧モデルと新モデルの違いを説明して、選手たちに感想を聞きました。アスリートが感覚的にわかっていたことをわれわれが図面を使って動きを説明したことによって、「なんとなくわかっているもの」の理論が使う側とつくる側で共有できた。それで、どんどんマシンを扱う技術が上がっていきました」

難しいのは強度を上げることと軽量化でした。

スキー板１本で高速滑走するチェアスキー（sitski）

「それまであまり壊れなかったフレームが、選手がマシンを使い込めるようになってきたことですぐにダメになったりしましたね。パーツを増やすと重くなるので、「どうすれば軽くなるか？」と考えます。限界まで使ってくれたことで「もっと強度を、剛性《ごうせい》を上げないと」というふうに、課題が見つかることが多かったですね」

パラアスリートと開発者との距離が限りなく近くなったことで、機能が飛躍的に上がっていきました。

「私がはじめにやったのは、大会に顔を出して、実際にどういった競技なのかを見て感じることでした。その後、選手たちと対話するうちに、どういったものが必要なのかを聞き取り、読み取り、形にしていきました。

通常の車いすのオーダーは、全国にある車いす販売の専門店を介して行いますが、競技用の場合、そのやり方では選手の本当の想い、細かなニュアンスがつかめない。直接対話するうちに、信頼を得てメカニックとして大会に同行するようになりました」

「山田さんならできるんじゃないですか」

選手にそう言われたら、期待に応えないわけにはいきません。開発者として意気に感じて、寝る時間を削って図面を引く山田さんがいました。

1シーズン戦うためにつくるのは5～6台。

「それなりにお金がかかっているので大事に使ってほしいけど、フィードバックもほしい。「そんなの意味ある？」と思うようなリクエストをされることもあるけど、できる限り応えていきました」

パラアスリートとの真剣な対話

パラアスリートのリクエストに応えるために苦労したことはあるのでしょうか。

「選手の中には、「こうしてほしい」「これが足りない」と明確な言葉で伝えてくれる人もいれば、言葉にするのが得意じゃない人、コミュニケーションが苦手な人もいます。だから、たくさん会話をして、そのリクエストがどういう意味なのかを理解して、意図を読み取るのが大変でした。非常に苦労したところですね」

パラアスリートに理系の知識があることのほうが少ない。車いすユーザーではない開発者との間にギャップがあるのは仕方がないことです。

「たとえば、「ここを強くしてほしい。だけど、軽くして」というような相反するリクエストをされることもあります。どちらの希望もかなえることには苦労しますが、はじめから「それは無理だよ……」とは言いません」

リクエストに応えることから山田さんのコミュニケーションはスタートします。

「言われたことの意味を考えて、とりあえずつくります。試して→修正してというプロセスを繰り返しながら、満足してもらえるものをつくり上げることを心がけています」

はじめは本当に苦労の連続でした。山田さんは言います。

「私はレジャースキーしか経験がありません。決められたコースを滑るというのは知っていても、100キロものスピードを出しながら曲がるためにどうすればいいのかはわからない。でも、コミュニケーションが増えるにしたがって、そのあたりも理解できるようになっていきました」

「それ、どういう意味？」

簡単な言葉を積み重ねることで、「答え」に近づいていったのです。到底、ひとりでは見つけられなかったことでしょう。立場の違う者同士の密なコミュニケーションによって、新しいモデルが生まれたのです。

はじめはヨーロッパ製の車いすが表彰台を独占していたのですが、そのうちに日本製が凌《りょう》駕《が》するようになりました。

「上位の選手が使用しているのが日本製ばかりということもありました。オーストリアのように自国製以外のものは使えないというところもありましたが、速くて丈夫な日本製が認められるまでに時間はかかりませんでした。みんな、勝ちたいですから」

２０１０年バンクーバーパラリンピックの前から外国でも販売を始めました。

「アメリカチームとカナダチームの合同合宿で使ってもらったら、選手のひとりから『健常者の時のスキーと同じ感覚で滑ることができて懐かしい』と言われてうれしかったですね」

２０１４年ソチパラリンピックではアルペンスキー男子5種目15個のメダルのうち、日本製マシンに乗った選手が11個のメダルを獲得しています。日本人選手も金メダル3個を含む5個のメダルを獲りました。

競技用の開発に携わってから変わったこと

山田さんのところにやってきて、その秘密を聞きたがる外国の選手やコーチがたくさんいました。

「私はうまく英語をしゃべれなかったけど、身振り手振りで聞かれたことに答えるようにしていました」

ひとりで競技用車いすの開発に携わる山田さんにはこんな想いがありました。

「メーカーにとってパラスポーツは、お金を生むものではありません。売上の比率で言えば、全体の1割あるかどうか。売上のほとんどは高齢者用と、障がい者の日常用です。それなのに、競技用の開発のために1カ月も2カ月も海外に行ったら、経費を回収することができません」

しかし、開発者にも会社にもメリットはあるはずです。

「うちの社長にはひとつの投資、宣伝として考えてもらっています。日常用に活かせることがほとんどないかもしれないけど、少しでもいい影響を与えられればいいと考えています。私自身、競技用の開発に携わるようになってから、車いすをつくる時の目線が変わったと感じます。「選手がこう言っていたから、ここは変えたほうがいいかも」という点もありますよ」

山田さんが選手たちと積み上げたコミュニケーションとさまざまな試みが、目に見えない形で還元されているのです。

「お金に換算することはできませんけど、何らかの形で返ってきているはずだと思いながら、開発に関わっています」

カスタムメイドではない競技用チェアスキーの価格は60万円ほど。

「トップの選手が使っているものの値段を算出するのは難しいですね。私が関わった時間は不明なので、いくらになるのかわからない(笑)。

通常業務を圧迫しないために、一日の仕事が終わったあとに1時間程度使って競技用の車いすの図面を描いたりしていました。だから、ひとつのパーツをつくるだけでも、かなりのコストがかかっちゃいますね」

日進医療器の車いすに乗りたい！

ショックアブソーバーとサスペンション機構についてドイツ製スキーを研究してつくられた長野モデルから、どんどんバージョンアップされています。

「空気力学も取り入れるようになったので、形自体も大きく変わりました。日常用に違うメーカーの車いすを使っている人で「日進医療器の車いすに乗りたい」という人も増えているようです。スキー場で日進のスキーがずらっと並んでいることもありますよ」

大谷翔平モデルのグローブを野球好きの少年、少女が使いたがるように、山田さんが開発したモデルが人気を集める日がくるかもしれません。

選手たちとのコミュニケーションによって、山田さんにも得るものが大きかったと言います。

「沖川先生のおかげでいろいろな選手とのつながりが増えて、選手からの紹介もあって、世界が広がっていきました。社内でも「山田だけ、楽しそうなことをしているな」と言われるようになりました。そういう面白さを後輩たちにも知ってもらいたいから、会社に選手が来た時には話ができる場を設けるようにしてます。

会社の後輩たちにも「現場(試合会場)に行ってきたら？」と言うんですけど、みんな尻込みしてしまって……。今の若い人は責任を取りたがらないし、目立つことを嫌う。人と違うことをやるのが嫌みたいです。「山田さんみたいなことをやると目立ちすぎる」と思ってるんじゃないですか」

山田さんはそう言って笑いますが、山田さんのような開発者がいなければチェアスキーの進歩はきっとなかったはずです。「みんなと同じ」「昨日と変わらず」では新しいものなどつくれるはずがありません。

パラアスリートってどんな人？

パラアスリートと関わるようになる前、山田さんは障がい者に対してどんなイメージを持っていたのでしょうか。

「正直言うと、はじめはこちらが勝手に気を遣うことがありました。でも、そう思ったことがばかばかしくなるくらい、みんな、アクティブで、自分で何でもやってしまう。手を貸してほしい時には「それ、やって〜」と明るく頼んできます」

選手たちと付き合うようになって、すぐに先入観は消えました。

「選手は障がいを持っていることに対して、それほどマイナス感情を持っていませんね。常に前向きです。車いすユーザー、恐るべしです。

いろいろな選手と接してきましたが、みんな、どこから見ても純粋なアスリートだなと感じます。「障がい者＝かわいそう」だと思っていたら大間違いです。何をやっても「自分はかなわないなあ」と思って、恥ずかしくなるほど。持っている能力も前向きな気持ちも全部がすごい」

パラアスリートと接することで山田さんの考えは180度変化しました。

「スポーツに打ち込んでいる人は、いろいろなことを乗り越えて表に出てきているので、障がいがあることに関するマイナスのことを周囲に感じさせることはありません。はじめは「事故ですか？　病気ですか？」と聞きたいけど聞けない……みたいなことがありました。

何かあったら、自分が助けてあげないとと勝手に思い込んでいたんですけど、競技中はもちろん、日常生活でも、もうそんな気はまったく起きませんね（笑）」

２０２４年７月からパリオリンピック、そのあとにパラリンピックが開催されました。注目度や認知度、テレビでの取り上げられ方などにはまだ差があります。

「車いすテニスの国枝選手に続いて、小田凱人《おだときと》選手が出てきました。大会の結果がテレビで流されることも多くなりましたし、スター選手がテレビのＣＭにも起用されています。彼らの存在によって、世間の人の障がい者に対するイメージが変わればいいと思います」

パラスポーツとパラアスリートへの評価は間違いなく上がっていますが、もっともっとよくなってほしいと山田さんは言います。

「周囲にそんなことは感じさせませんが、病気を抱えたままでプレーしている選手がたくさんいます。おそらく再発の不安があったり、まわりから見えない部分で不自由なことがあったりもするはずです。それでもみんな、そういう部分を見せない。強さでもあるし、これからもそうして生きていくんだというプライドでもあるのでしょう」

彼らと接することで、障がいを障がいだと感じなくなったと山田さんは言います。

「私たちからすれば大変なこと、大きな壁だと感じることでも、彼らを見ているとそう思えない。車いすでの生活の不自由さを感じさせることがありません」

パラスポーツ、パラアスリートとの接点の少ない10代に山田さんはこんなメッセージを送ります。

「もっとパラスポーツを知ってほしい。できれば会場に足を運んで、その臨場感を味わってほしいですね。きっと想像以上のスピード感、迫力に驚くはずです。1回間近で体感すれば、この競技の本当の面白さがわかるでしょう」

「カッコいい！　乗ってみたい！」と思える車いすを

パラアスリートと並走するようになって20年余り。環境の変化を感じながら、山田さんはこんな目標を掲げています。

「私はこの業界に入って、車いすのことを詳しく知り、障がいを持つ方と身近に接するようになりました。世の中で「多様性」などという言葉を耳にする機会が増えましたが、車いすや車いすユーザーの存在は世間一般的にはまだまだマイノリティで、一線を引かれている気がします。

実際には先に言ったように、自分ではとてもかなわない人たちばかりなのですが、そういった偏見に近い見方を変えられるような製品をつくっていきたいと考えています。健常者が見ても「カッコいい！　乗ってみたい！」と思うような車いすをつくりたいですね」

世間の目が変わる日がいつか来ると山田さんは信じています。

「車いすの人が近くにいる時、見る目が変わってくるはずです。弱い者を見るようなこともなくなり、偏見を持たなくなるだろうし、必要な時にさっと「大丈夫？」と声をかけることができるようになるはずです。そういう意味で、バリアフリーな社会ができればと考えています」

「障がい者のための道具」ではない

しかし、障がい者に対する偏見も差別もなくなったとは言い難い現実があります。

「眼鏡をかけている人は、ただ視力が低いだけじゃないですか。眼鏡屋さんに行けば、いろいろな形、フレーム、色の眼鏡が並んでいて「どれが似合うかな?」と試しますけど、誰も「目が悪い＝障がい」だとは思いませんよね」

眼鏡が個性を際立たせることも、オシャレの重要なポイントになることもあります。

「それと同じように、車いすも「障がい者のための道具」ではなく、眼鏡のようなアイテムになればいいなと考えています。眼鏡をかけている人を見ても「かわいそう」とは誰も思わないじゃないですか。高齢者向けの杖《つえ》もオシャレなものがたくさん出ています。私たちもそういうものづくりをしていきたい」

日常用の車いすにも変化が起こっています。

「車いすとしての安全性を確保したうえで、色やシート生地を選べるというのは強みになると思います。もちろん、剛性が必要だけど、軽ければ軽いほうがいい。座り心地のよさ、操作性の高さも大事ですよね。

若い人向けに動きやすくオシャレにしようとか、重度の方向けにもっと工夫をしようとか、特徴を持たせながら、目的に合わせて選べるようにラインナップを充実させられるようにと

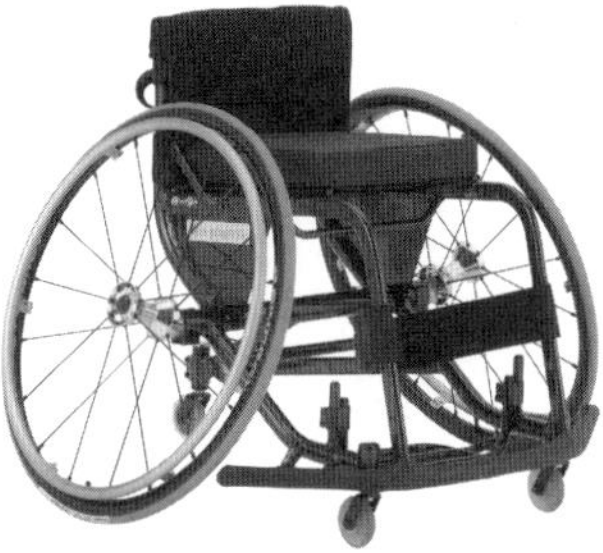

▲バスケットボール用車いす
NSB-08 リジッド

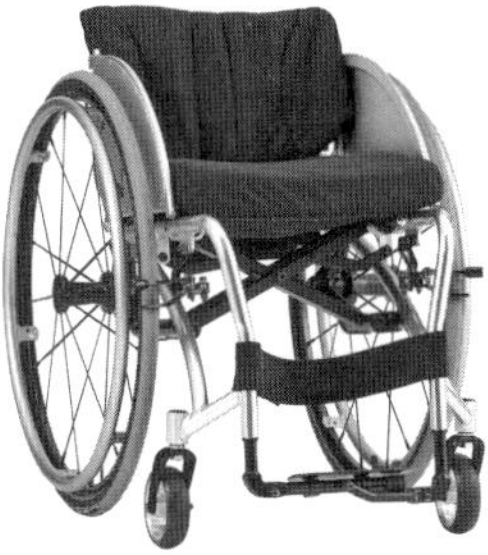

▲アクティブ系オーダーメイド車いす　NCT-AS

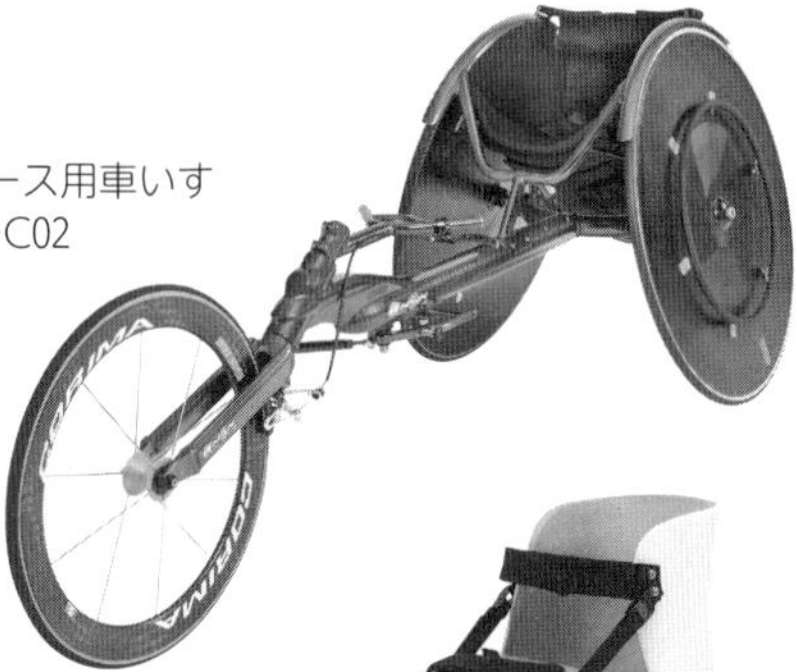

▶レース用車いす
NSR-C02

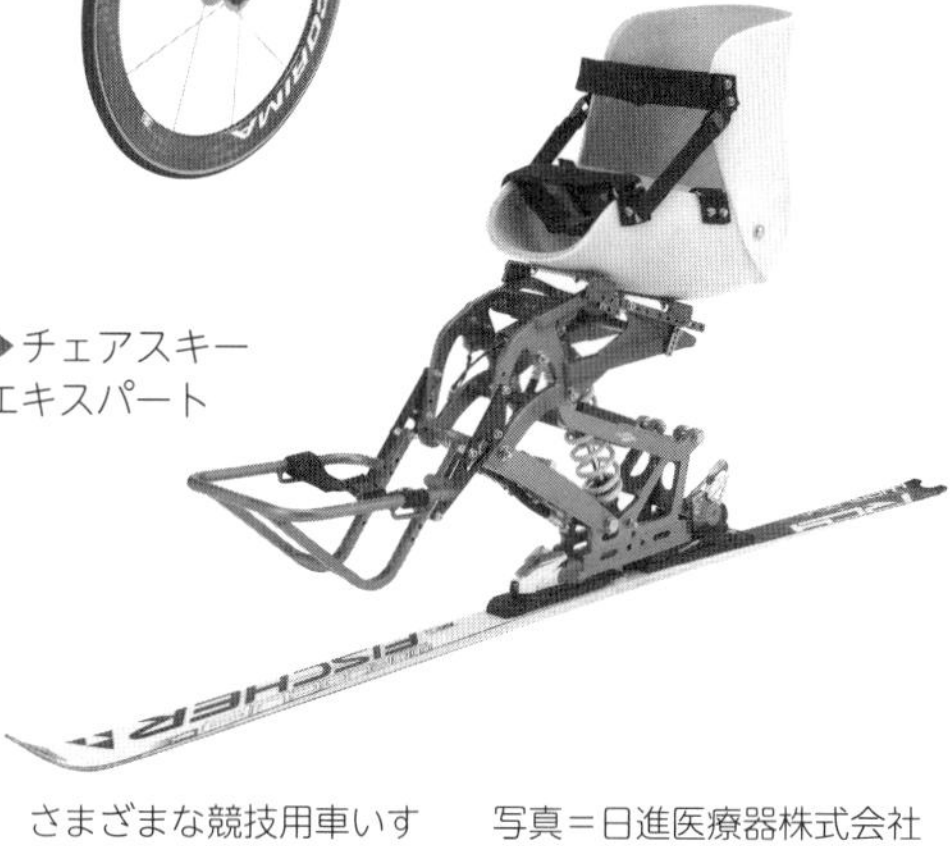

▶チェアスキー
エキスパート

さまざまな競技用車いす　　写真＝日進医療器株式会社

考えています」

高齢化が進む日本社会にあって、車いすはますます生活に欠かせないものになっていくでしょう。

「高齢になっても、「車いすに乗りたくない」という人はいます。うちの父親もそうなんですけど(笑)。年齢を重ねて、病気にもなって、足腰が弱ってきたら車いすを使えばいいと思うんですよね。でも、高齢者の方に抵抗があるのも理解できます。

だから、「おおっ、カッコいいな」と思える車いすをつくれば、抵抗感が薄れて乗りたくなる人が増えるんじゃないでしょうか」

時代とともに車いすも変化しているのです。

「昔からあるような「ザ・車いす」みたいなのではなくて、颯爽《さっそう》と乗れるようなものになればいいですね」

昭和のプロ野球を支えた〝ミスタープロ野球〟長嶋茂雄さんは88歳になっても、車いすに乗って選手たちの指導を行っています。

「ああいうスーパースターが乗ってくれることで、世間の見る目も変わっているはずです。

もし私に任せてもらえるなら、長嶋さんの華やかなイメージに合った、長嶋さんらしい車いすをつくれるのにと思ったりもします」

多くの失敗の中から成功をつかむ

山田さんは「スポーツを支える仕事をしたい」と考えていたわけではありません。

「スポーツ関連の仕事って、私が知らないものもたくさんあると思うんです。私の場合、「スポーツを支えよう」という気持ちはなくて、人との出会いやいろいろな縁によって、どんどんディープな世界に入っていきました」

いくら入念に準備をしても、計画通りに進まないこともたくさんあります。自らが関わってきた開発の仕事になぞらえてこう言います。

「事前に「こうだろう」と仮説を立てて進めているのに、全然違う方向に行くことがあるじゃないですか。まったく予想しない結果になることも。いい場合もそうじゃない場合もありますが、目の前のことに一喜一憂するのではなくて、やりたいことがあれば何でもいいからやる！　その先のことはあまり考えないで、目の前のことを楽しんでやってほしい」

学校の成績よりも大事なことがあると山田さんは言います。

「机の前でやる勉強って本当に必要なのかなと思っちゃうんですよ。学校で覚えたことが仕事で役に立ったという経験はほとんどない。ただ、「どうやって学んだか」を覚えて、その場所で活かすことは大事だと思っています」

ほかにも大切なことがあります。

「学生時代に、横と上とのつながりを学ぶことが、壁にぶち当たった時、問題解決に役に立つでしょう。勉強だけをやってきた人が問題をまったく解決できないということはよくありますからね」

10代の後半で受けた教育が、山田さんの中で今も生きているのです。

「15歳から20歳まで学んだ高専時代はものすごく自由でした。先生が仕事を放棄しちゃってるんじゃないかと思うくらい、何も教えない。生徒が聞きにいけば教えてくれるけど。だから、私は友達を巻き込んだり、先輩に助けを求めたりすることを覚えました。勉強の仕方、自分なりの学び方、問題解決の仕方の3つがあれば、どこに行っても、どんな会社に行っても何とかなると思っています」

成功することも失敗することもあるでしょうが、「思わぬ結果」から次のステップ、立ち向かうべき課題が見えてきます。

「ものづくりをした人のところに行って聞けば、つくったものが「なぜそうなったか」を教えてくれます。山ほど失敗したあげく、その形になったはずだから。たとえば、ペットボトルのキャップのギザギザにも意味があるんです。正解にたどりつけなくても考えることが大事で、その積み重ねが力になると思います」

山田さんは多くの失敗の中から成功をつかんできました。

「結果を恐れる必要はまったくなくて、どんどん楽しむ、自分が楽しむためにどうしたらいいのかを考える。それが結局、会社のためにもなるし、自分のためになるから。だから、「もっとガンガン行こうぜ」って言いたいんですよ」

7 NPB公式記録員◎西原稔泰さん

にしはら・としひろ
1968年広島県生まれ。広島修道大学卒。92年セントラル野球連盟・記録部入局。2023年シーズン終了時で公式戦1194試合出場。日本シリーズ3回、オールスターゲーム3回出場。

日本でもっとも難関とされる東京大学の毎年の合格者数は約3000人、司法試験の合格者は2000人足らず。2023年にプロ野球のドラフト会議で指名を受けた選手は72名（育成契約を含めると122人）だけ。しかし、それら以上に高い関門がプロ野球の公式記録員です。

現在、NPB（日本野球機構）に所属する西原稔泰さんはこう言います。

「僕は大学3年生（1990年）の時に「公式記録員になりたい」と思ったんですが、いろいろな人に問い合わせたところ「去年3人採用したから、しばらく採る予定はない」と言われてしまいました」

誰かが退職しない限り、募集はありません。いくら記録員になりたいと熱望したところで可能性はゼロ。

しかし、幸運なことに西原さんは1992年5月からセントラル野球連盟（セ・リーグ）の公式記録員となり、生まれ故郷の広島から上京することになりました。まだ大谷翔平選手が生まれる前の話です。

当時のプロ野球のスターと言えば、桑田《くわた》真澄《ますみ》投手（読売ジャイアンツ）、落合博満《おちあいひろみつ》選手（中日ドラゴンズ）、古田《ふるた》敦也《あつや》選手（ヤクルトスワローズ）、清原和博《きよはらかずひろ》選手（西武ライオンズ）など。広島東洋カープには、北別府学《きたべっぷまなぶ》投手、達川光男《たつかわみつお》捕手らがいました。

西原さんは32年以上前のことをこう振り返ります。

「広島の大学生がたくさん、カープの本拠地（当時）である広島市民球場でアルバイトをしていました。チケットを切る係をしたり、グラウンド整備をしたり。

僕は野球に詳しかったから、場内アナウンスをする人がいる放送室に入って、スコアボードの表示（ストライク、ボール、アウトカウント）を点滅させる係や球審から選手交代を聞く係などを任されました」

西原さんは電卓を持ってその部屋にいました。

「バッターの打率も表示していたので、打率を計算して数字を打ち込んでいました。ヒットが出たら、打率3割1分7厘とかやっていたんですよ」

どうすれば公式記録員になれるのか

野球好きの西原さんにとっては最高のアルバイトでした。

「放送室がグラウンドに近いので、いろいろな人と顔を合わせる機会が増えて、審判や球場係員、球団の人とも仲良くなるわけです」

そこで、公式記録員という仕事があることがわかりました。

「僕自身も野球をやっていたので、ヒット、エラーなど記録に興味がありました。そんな仕事があるのなら、ぜひやってみたいと思うようになりました」

しかし、当時はまだインターネットなどありません。もちろん、企業のホームページも。求人情報が広く公開されることも珍しく、どうすれば公式記録員になれるのか、まったく見当もつきませんでした。

そこで西原さんはすぐに行動に移しました。

「自分なりに野球をよく知っているという自負はあったので、どうにかして記録員になりたいと考えました。でも、採用に関する情報がどこにも載っていない。だから、野球雑誌とスポーツ紙を定期購読して、情報が出ないかチェックしていました。

それでもほしい情報にたどりつくことができませんでした。

「就職活動の時期が近づいてきていたので、カープの職員の人などに「公式記録員になりたい」と言っていたんです。球場にいるセ・リーグの記録員に話を聞きにも行きました。その人は当時の記録部次長で「きみみたいな人がいることを部長に伝えておくよ」と言ってもらいました」

しばらくして、球場にいる西原さんのところに記録部長が訪ねてきました。

「突然、「西原くん、いる？」という感じで放送室に来てくださって、いろいろな話をしてくれました。ただ、「前年3人を採用したからしばらくはなし」と言われて。欠員が出たら補充するけど……という話でした」

今度はパシフィック・リーグ(パ・リーグ)の募集状況をリサーチしました。

「その当時、一番の若手だった今の記録部長を紹介してもらったのですが、「うちも採用はないと思う。でも、きみのことは上司に言っておくから」で終わりでした」

〝バブル景気〟で就職先はあったのに

時は1980年代の終わり頃、日本中が〝バブル景気〟で盛り上がっていました。さまざまな企業が事業拡大に向かうなか、大学を卒業したばかりの若い社員を求める会社がたくさんありました。

「景気がよかったから、探さなくても求人はいくらでもありました。でも僕は一切、就職活動をせずに、毎日のように広島市民球場に通っていました。グラウンド整備をしたり、雑用をしたり。試合がない日でも、朝から晩まで球場にいて、シーズンオフは倉庫の整理もしました」

野球場という非日常空間にいた西原さんは、一般企業に勤める自分の姿が想像できませんでした。

「両親には、「普通の会社に入ってもすぐに辞めるだろうから、ちょっと待って」という話をして、大学を卒業したあともそのまま球場でのアルバイト生活を続けました。

もし広島市民球場でバイトをしていなかったら、公式記録員という仕事があることを知らなかったはず。おそらく別の仕事をしていたでしょうね」

1991年はカープファンにとって特別なシーズンになりました。10月13日、5年ぶり6度目のセ・リーグ優勝を決めたのです。

「就職浪人2年目の2月くらいに、カープの総務部長に「まだ就職が決まっていないなら、球団に顔を出して」と言われました。僕が公式記録員になりたいと言っているけど欠員がないというのは知られていたので、なんとかしてやろうと思ってくれたのかもしれません」

2カ月ほど球団の短期アルバイトで働いている時、西原さんはある記事を見つけました。

「たまたま、スポーツ紙のコラムに「若手の公式記録員が3人入ったのに、ひとりが1年で辞めた」と書いてありました」

西原さんは、これはチャンスかもと思いました。

「欠員が出たということをそこで知るわけです。当時のオーナー代行、今のオーナーである松田元さんに口添えをいただき、「うちに公式記録員になりたいやつがおるから、すぐに行かせる！」と連絡していただきました」

西原さんは採用面接に出かけて行ったのです。

それが3月の終わり頃。採用が決まり、上京することになりました。

「当時、カープのコーチだった三村敏之さん（1994年から1998年に監督）や審判員の方などにも「公式記録員になりたい」と言っていたので、実際になれたあとにあいさつにいくと、みなさん、本当に喜んでくれました」

職人の世界に飛び込んで

1992年5月、西原さんは公式記録員として採用されました。

公式記録員は職人の世界です。数年のアルバイトと野球経験があるとはいえ、簡単に公式記録員としてジャッジができるわけではありません。

「公式記録員の仕事自体は想像していた通りだったし、実際にやってみて「こんな感じだろうな」と思いました」

そう思えたのは、しっかりと準備をしていたからです。

「公式記録員になりたいと思ってすぐに、ルールブックを手に入れて自分なりに勉強していました」

プロ野球のスコアの付け方は一般的なものとは違うのですが、西原さんはそれも書けるようになっていました。

「少年野球の親御さんや高校野球のマネージャーが付けるのは早稲田式ですが、僕たちは慶應式のスコアを付けます。はじめは難しそうに思いますけど、意外とすぐに覚えることができました。〝江夏の21球〟で有名な1979年の日本シリーズ第7戦のスコアを書店で見つけて、それを参考にしながら自分なりに解読していきました」

それが、西原さんが「公式記録員になりたい」と思った大学3年生の時でした。

「東京に出てきた時にはだいたい書けるようになっていたので、先輩から指導されることも少なかったですね。ずっと広島に住んでいたから東京の交通事情がよくわからず困りましたが、二軍の球場を回るうちに覚えました」

公式記録員の主な仕事は、試合のスコアを正確に付けること、ヒットやエラーを正しく判定すること。

「公式記録員として大切なことは、たくさんの試合、少しでも多くのプレーを見ること。それ以前もそう思って野球を見ていましたが、実際に仕事をするようになって、改めて痛感しました」

高校1年生まで野球をしていた西原さんは、「公式記録員になる」と決めてから、それに備えた野球の見方をするようにしていました。

「もともとはプレーするのが好きだったのですが、見ることの楽しさを覚えて、もっと細かくチェックするようになりました。その積み重ねがあったから、公式記録員になってからあまり苦労しなかったんだと思います。ただ、10代の半ばくらいまではスコアは付けられませんでした」

〝修行〟時代は二軍の試合を担当

NPB-BIS（ベースボール・インフォメーション・システム）と呼ばれるプロ野球の公式記録管理システムが1989年シーズンから運用開始。紙だけの記録からデジタルでの記録に変更されました。試合ごとに公式記録員がパソコンで経過をリアルタイムに記録するものです。現在、一軍の試合では2名の記録員が立ち会い、メイン1名がヒット、エラーの判定をしながらスコアカードを記入し、サブ1名がデータ入力する方法をとっています。

データ入力やデジタル化に合わせて若い力が重宝されるようになったことが、その時24歳の西原さんには幸いしたのです。

西原さんが採用された頃はデジタル期への移行期間だったので、3名で1試合を担当することもありました。

職人の世界には〝修行〟が付きものです。入社前に基本的なことができるようになっていた西原さんですが、なかなか一軍戦を任せてもらうことはできません。

「5年間は埼玉県にある西武第二球場、ヤクルトとロッテの球場などで行われる二軍イースタン・リーグの試合を担当していました。もちろん、公式記録員はひとりだけ。

二軍のデーゲーム後にセ・リーグ事務所に戻って、選手の成績を集計カードに記入します。それが終わってから、先輩方が担当する一軍の試合を見に行っていました。この世界、やっぱりどれだけ多くの試合を見たか(引き出しを増やすか)。判断力は数多くの試合を見ることによって身につきます。数えきれないほど試合は見ました」

ジャイアンツの本拠地である後楽園球場が東京ドームに生まれ変わったのが1988年。その後、各地に屋根付きのドーム球場がつくられていきました。もちろん、空調完備で、プレーするのも観戦するのも快適です。

しかし、西原さんの仕事場である二軍の球場に当時は屋根などありません。

「公式記録員のためのスペースがちゃんと用意されていないところもありました。テントが張られていて、その下に机が置いてあるだけ。『ここでお願いします』というのが当たり前でした」

屋外での試合では、雨が降ったり風が吹いたりすることも珍しくありません。

「雨の日に傘をさしながらスコアを付けたこともありますよ。それからしばらくしてプレハブ小屋みたいなのが建って、『暑い、暑い』と言いながら、仕事していた記憶があります」

あれから30年が経ち、二軍の球場の設備は格段によくなり、空調のある部屋が用意されるようになりました。

「今はもう、施設も環境もよくなり、仕事はやりやすいです」

〝伝統の一戦〟を任されるまで

西原さんは20代後半で一軍デビューを飾りました。

「審判の世界も同じなんですけど、一軍の試合を任されるようになってからも、当時のセ・リーグではすぐに巨人戦を担当することはできません。はじめは、神宮球場か横浜スタジアムから。僕にとって初めての一軍戦は、横浜スタジアムの横浜ベイスターズ対中日ドラゴンズ戦でした」

当時はテレビ放送の予定がなく、観客も多くないカードが、若手のデビューの場として選ばれていました。

「9年目になって、神宮球場でのヤクルトスワローズ対読売ジャイアンツ戦を担当させてもらいました。その後、名古屋での中日ドラゴンズ対読売ジャイアンツ戦、広島での広島東洋カープ対読売ジャイアンツ戦の担当を経て、東京ドームでの読売ジャイアンツ戦。最後が甲子園球場での阪神タイガース対読売ジャイアンツの〝伝統の一戦〟ということになりますね」

そのあとに、セ・リーグとパ・リーグのオールスターゲーム、両リーグの王者が対決する日本シリーズを任せられるようになります。

「〝伝統の一戦〟を担当したのが12年目か、13年目ですね。ひとつひとつのハードルを越えてきたから、今があると思います」

プロである以上、完璧な仕事が求められます。しかし、誰だってミスをします。時には厳しい批判の矢が飛んでくることもありました。

「昔は二軍の試合でもいろいろ言われましたから。監督やコーチはプロ野球に長く携わる大ベテランの方ばかりで、ヒットとエラーの判定にもかなり厳しかったんですよ」

プロ野球はすべてのプレーが数字として残されますし、1本のヒット、ひとつのエラーが年俸の増減という形で選手に跳ね返ります。

「実際に試合中や試合後に抗議を受けることもしばしば……嫌な気持ちになることはあったけれど、球場に行きたくないとは思いませんでした」

抗議もプロの世界ではつきものです。

「これも審判と共通するところだと思うのですが、二軍の試合で抗議への対応を覚えないと一軍に上がった時に困ることがあります。初期の対応を間違えたら、事が大きくなりますし、収拾までに時間がかかるので」

やはり、それも含めて〝修行〟は大事なのかもしれません。

「長くやってきて思うのは、そんな経験がいざという時に活きるということ。叩かれたほうが絶対に強くなるのは間違いない」

プロ野球の記録は先輩方が紡いできた財産

公式記録員はどんなスケジュールで動いているのでしょうか。

「18時開始のナイトゲームの場合。プレーボールがかかる2時間くらい前には球場に入ります。選手たちの練習を見ながら、『昨日の試合でこんなことがあったから気をつけよう』などとその試合でコンビを組む記録員と情報交換をします。それはプロだけではなく、高校野球や大学野球のプレーを参考にすることもあります」

微妙な判定や難しい、珍しいプレーが起こった時、リプレイ動画でジャッジなどを確認して情報共有します。

スターティングメンバーの交換が終わると、メイン記録員はスコアカードにスタメン記入、サブ記録員はパソコンに入力していきます。

「野球は間《ま》のスポーツだからずっと緊張しているということはありません。目の前で起こっているプレーをしっかりと見て判断するということだけなので。

プロ野球が始まって90年。公式戦のすべてのスコアが残っています。これは、先人の方々が紡いできた財産ですね」

西原さんは2019年8月13日、地元の広島、マツダスタジアムで通算1000試合達成となりました。初出場は1997年4月25日なので、22年かけてその数字に到達したことになります。

1000試合出場はNPBの現役公式記録員として7人目の達成でした。

「昔は、3000試合を担当した先輩もいます。歴史の重みを感じますね。サブで付く時も含めれば、僕も2500試合以上に関わった計算になります」

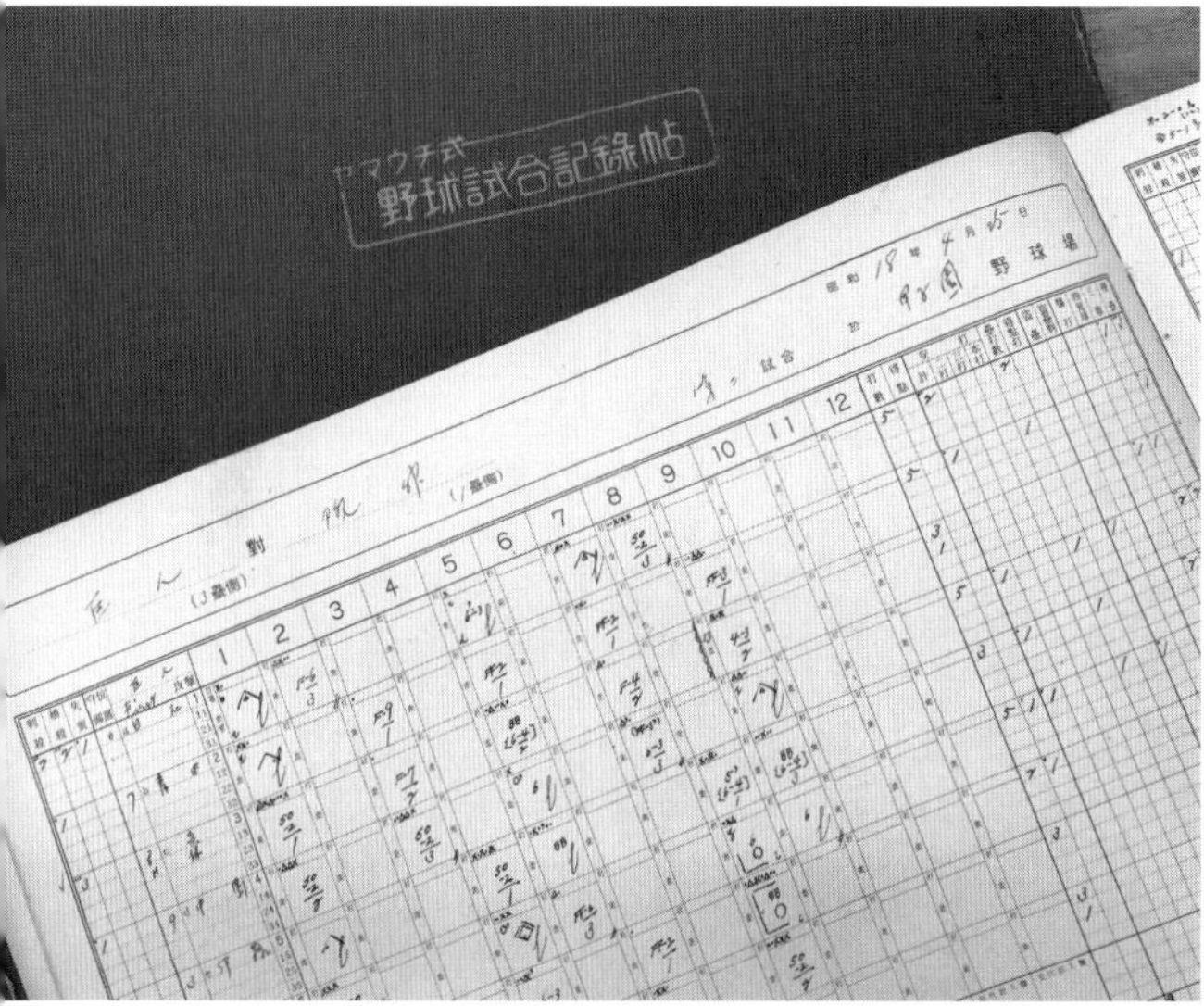

スコアブック　写真＝NPB 提供

プロ野球のシーズンは11月はじめで終わりますが、公式記録員の仕事はまだまだあります。

「シーズンオフには、そのシーズンの成績やデータをまとめた書籍が4冊ほど出るから、みんなで手分けしてその仕事をします。僕はルールブックも担当しているので、そちらもやります。今はすべてのデータがコンピュータに入力されているから、ずいぶんと楽になりました」

初めての生観戦は甲子園のアルプススタンド

数え切れないほどの試合を球場で見てきた西原さんですが、初めて野球を観戦した時のことは今でも鮮明に覚えています。

「野球を初めて生で見たのは１９７６年夏の甲子園球場のアルプススタンドです。崇徳（広島）と海星（長崎）との試合。崇徳には黒田真二さん（ヤクルトスワローズ）、應武《おうたけ》篤良《あつよし》さん（早稲田大学野球部監督）、山崎隆造さん（カープ）など、春のセンバツで全国優勝したメンバーがいました」

カープが初優勝を飾った1975年、西原さんは7歳でした。

「父親が勤めている会社にカープ戦の招待チケットが回ってきていたので、月に1、2回は広島市民球場に行きました。甲子園球場の風景も忘れられませんが、広島市民球場の印象が強いですね。

やっぱり、野球場はいいですよ。古い球場でしたけど、カクテル光線に照らされたグラウンドがきれいでねえ。観客席に入ってすぐに、王貞治選手（読売ジャイアンツ）がホームランを打ったのを覚えています」

1976年にセンバツを制した崇徳のほかにも広島商業、広陵など全国優勝経験を持つ名門校が並ぶ広島で育った西原さんが野球に熱中するのは当然のことでした。

「小学4年で野球を始めて、中学時代には広島県で優勝もしました。僕自身、それなりの選手だったので、高校に入った時にはいずれキャプテンを任される予定でした」

ところが、西原さんをアクシデントが襲いました。

「入部してすぐに、監督の方針に合わないなと感じていました。足の肉離れをしたあとに盲腸の手術をして……夏の大会が終わって新チームになる頃には練習に行かなくなりました。

それまでは高校で3年間やり切ったあとに体育大学に進んで指導者になろうと思っていたのに」

高校1年生で野球部を辞めてしまったという後悔が、西原さんには今でもあります。

「近所に野球をしている子がいて、ケガをして悩んでいると聞きました。僕は「とにかく続けたほうがいいよ。おじさんは途中で野球をやめたことを後悔しているから」と話しました。最後までやり切ったあとに何が残るかはわからないけど、心からそう思います」

高校時代に一度切れた野球との縁は、大学時代に通い続けた広島市民球場でまたつながったのです。

「僕にはそういう後悔があり、大学3年生の時に「公式記録員になりたい」と宣言したわけです。一緒に野球をやっていた仲間にもそう言いました。

24歳になった年に公式記録員になることができて、かつての仲間にその報告をしたら「やっぱりなったか！」と喜んでくれました。野球部は途中で辞めてしまったけど、野球を好きなことをみんなが認めてくれていたんでしょうね」

西原さんは何十年も前の試合のことをいまだに覚えています。

「少年時代のこととか中学生の時の試合は本当に細かく覚えていて、まわりの人に驚かれますね。その時に自分が何を感じたのか、仲間とどんな会話をしたかもちゃんと記憶に残っています」

公式記録員である誇りを持って

野球に対する後悔を抱えながらプロ野球の公式記録員になった西原さん。30年ものキャリアを重ねた今、何を思うのでしょうか。

「公式記録員になるための資格はありません。野球が好きというのが第一条件ですね。それ以外に何があるんだろう。特殊すぎると言えば特殊すぎる世界なので、試験をするのも難しい。一般常識、教養の試験はありますし、野球規則に関する問題もありますけど、あくまで基本的なもの。

ルールブックを読み込むことは大事だし、野球について詳しいことは大前提ですが、その人が公式記録員に向いているかどうかは、実際にやってみるまでわからない」

西原さんは自身の適性を疑ったことはありません。

「僕にとって公式記録員という仕事は天職だと思っているし、誇りを持っています。好きなことを仕事にすると嫌いになるとも聞きますけど、僕に関してはそんなことはありません。本当にいい仕事につくことができたなと思っています」

プロとしての知識や適性があるのは当たり前ですが、「知識があればできるわけではない」と西原さんは言います。

「誰よりも野球を知っているつもりで公式記録員として現場に入ってみて、「全然知らないな……」と思わされたことがはじめの頃何度もありました。先輩に指摘されて初めて「そういうことだったのか」と気づくことがたくさんありました」

2023年のプロ野球の観客動員数は12球団合わせて約2500万人。各球団の営業努力のおかげで安定した集客を誇っています。しかし、プロ野球の試合をテレビの地上波で見られるのは年に数えるほど。甲子園大会を目指す球児の数は年々減少しています。

「野球を見る機会、野球に触れることが少なくなったことは本当に残念です。昔なら、テレビをつけさえすればプロ野球の試合を見ることができましたけどね。

今でも、見ようと思いさえすれば、スマホでも試合を見れます。大事なのは「見たい」と思うかどうかでしょうね」

野球をずっと好きでいてほしい

さまざまなところで「野球離れ」が話題になってもう何年も経ちました。

「昭和の時代は、スポーツが得意な子の多くが野球をしていました。今は選択肢が増えて、有名な野球選手の息子さんがサッカーでプロになって活躍したりもしています。それに、いつの間にか野球はお金がかかるスポーツになってしまいました」

その流れを止めることは、おそらく誰にもできません。

「高校野球でもプロ野球でもいいから、一度野球を好きになった人には楽しんでほしいし、ずっと好きでいてほしいなと思います。野球に本気で打ち込んだ人でも引退したあとは関心がないという人もいて、本当にもったいない」

野球を好きになるのに年齢も性別も関係ありません。

「今までに女性の公式記録員はひとりもいません。応募はあるのですが、採用にまでは至らない。専門性が高いから仕方がないという側面もありますが、そろそろ女性の公式記録員が誕生してもいいのではと思っています」

大学の野球部に女性マネージャーがいるのはもう当たり前。スコアブックを付けられる女性はたくさんいます。

「女性の野球記者も増えてきましたが、男女ではプレーを見る視点が違うような気がしています。野球の理解度、プレーのジャッジに関しては難しいのかなと思います。

野球の場合、ボールだけではなくて、守備をしている9人が同時に動きますから、そのあたりも理解しなければいけない。プロであれば、なおさら厳しくなります」

全国高等学校女子硬式野球連盟に加盟している高校は全国で60を超えました。これからもっと増えることが予想されています。

「幼い頃から中学、高校まで野球に打ち込んだ選手であれば、十分に可能性があると思います。数年後に女性の公式記録員が誕生しても不思議ではありません。

ただ、公式記録員という仕事をしたいと思っても、採用人数が限られているので、狭き門であることは間違いありません。募集があるかどうかもわかりませんが、僕を含めて、デジタル化の時に入った50代後半の人がたくさんいるので、今後はチャンスが増えるかもしれません」

西原さんはメジャーリーグについても教えてくれました。

「日本より歴史のあるメジャーリーグに、日本のような公式記録員はいません。その球場ごとに都度任命された人が公式記録を付けるシステムです。だから、あとになってヒットがエラーになったり、エラーが盗塁成功になったりするそうです」

西原さんはプロ野球の試合だけでなく、アマチュア野球も見ています。スコアを付けながら、アマチュア記録員の指導にあたっているのです。

「プロ野球は生業《なりわい》で、アマチュア野球はライフワークだと言っています。僕にとっては両輪ですね。高校野球とプロ野球はつながっていますから。「高校球児のきみたちが頑張ってくれるから、僕らの仕事があるんだよ」といつも心の中で思っています。自分が途中で野球部を辞めたこともあって、高校野球には特別な想いがあります」

スポーツ全般に言えることですが、グラウンド近くの仕事の種類は増えてきました。野球の世界でも、医療、トレーニング、食事、データ分析、チーム運営、広報、営業など多岐にわたっています。

「どれだけ仕事の種類が増えても、僕は公式記録員を選ぶでしょうね。野球や野球場の魅力は何ものにも代えがたいものがあります」

先人たちが紡いできた歴史を西原さんは、公式記録員としてこれからも守っていくつもりです。

おわりに

将来の夢は何ですか？

そう問われたのは、小学校の卒業アルバムを制作する時だったでしょうか。「夢と言われても？」というのが当時の正直な気持ちでした。こうなりたいという夢も、こんな仕事をしたいというイメージもありませんでした。

ただ、野球をすること、プロレスを見ること、文章を書くこと・本を読むことが好きだったことから、新聞記者と書いた記憶があります。

私は高校、大学時代に野球部に所属し、高校時代には甲子園出場を、大学時代には神宮球場でプレーすることを目指しました。高校時代の最高成績は県でベスト16。大学時代には一度もリーグ戦に出場することができませんでした。チームとしては4年生の秋に23年ぶりのリーグ優勝を果たしましたが、個人としては何もできず……。入学当初、密かに「首位打者になる」という目標を掲げていたことなど誰も知りません。

大学4年の夏が過ぎ、就職活動の時期を迎えました。スポーツでの経験を活かそうと思っても、当時は選択肢がありませんでした。プロと言えるのはプロ野球か大相撲かプロレスか……まだJリーグさえ生まれていませんでした。

あれから30年以上が経ち、日本のスポーツ界も大きく変わりました。トレーニングや食事、コンディショニングに関する考え方も変化しています。それに伴って、スポーツに関わる、アスリートを支える仕事が増えました。


本書ではスポーツ通訳者、栄養・コンディショニングサポート、スポーツドクター、Jリーグのクラブ広報、プロ野球代理人、チェアスキーの開発者、プロ野球の公式記録員の7人が登場しています。みなさんにはそれぞれスポーツ体験や原風景があり、その仕事を志したきっかけ、「こうなりたい」という明確なイメージがあります。

スポーツに関わる仕事がしたいと考える人にとって、7人の方々の歩みは参考になるはずです。一生懸命に打ち込むスポーツの先にある世界を想像しながら読んでもらえたら、毎日の練習の景色が少し変わったものになるでしょう。
そうすれば、もっともっとスポーツが好きになるはずです。

2024年9月

元永知宏

元永知宏
1968年，愛媛県生まれ．立教大学野球部4年時に，23年ぶりの東京六大学リーグ優勝を経験．著書に『期待はずれのドラフト1位』『敗北を力に！』『レギュラーになれないきみへ』(岩波ジュニア新書)，『殴られて野球はうまくなる!?』(講談社＋α文庫)，『トーキングブルースをつくった男』(河出書房新社)，『荒木大輔のいた1980年の甲子園』『近鉄魂とはなんだったのか？』(集英社)，『補欠の力』(ぴあ)，『プロ野球を選ばなかった怪物たち』『野球と暴力』(イースト・プレス)，『日本一のボール拾いになれ』(東京ニュース通信社)，など．

スポーツを支える仕事　　岩波ジュニア新書 992

2024年11月20日　第1刷発行

著　者　元永知宏《もとながともひろ》

発行者　坂本政謙

発行所　株式会社 岩波書店
〒101-8002 東京都千代田区一ツ橋 2-5-5
案内 03-5210-4000　営業部 03-5210-4111
ジュニア新書編集部 03-5210-4065
https://www.iwanami.co.jp/

印刷製本・法令印刷　カバー・精興社

ISBN 978-4-00-500992-3　　Printed in Japan

岩波ジュニア新書の発足に際して

きみたち若い世代は人生の出発点に立っています。きみたちの未来は大きな可能性に満ち、陽春の日のようにひかり輝いています。勉学に体力づくりに、明るくはつらつとした日々を送っていることでしょう。

しかしながら、現代の社会は、また、さまざまな矛盾をはらんでいます。営々として築かれた人類の歴史のなかで、幾千億の先達《せんだつ》たちの英知と努力によって、未知が究明され、人類の進歩がもたらされ、大きく文化として蓄積されてきました。にもかかわらず現代は、核戦争による人類絶滅の危機、貧富の差をはじめとするさまざまな人間的不平等、社会と科学の発展が一方においてもたらした環境の破壊、エネルギーや食糧問題の不安等々、来るべき二十一世紀を前にして、解決を迫られているたくさんの大きな課題がひしめいています。現実の世界はきわめて厳しく、人類の平和と発展のためには、きみたちの新しい英知と真摯《しんし》な努力が切実に必要とされています。

きみたちの前途には、こうした人類の明日の運命が託されています。ですから、たとえば現在の学校で生じているささいな「学力」の差、あるいは家庭環境などによる条件の違いにとらわれて、自分の将来を見限ったりはしないでほしいと思います。個々人の能力とか才能は、いつどこで開花するか計り知れないものがありますし、努力と鍛練の積み重ねの上にこそ切り開かれるものですから、簡単に可能性を放棄したり、容易に「現実」と妥協したりすることのないようにと願っています。

わたしたちは、これから人生を歩むきみたちが、生きることのほんとうの意味を問い、大きく明日をひらくことを心から期待して、ここに新たに岩波ジュニア新書を創刊します。現実に立ち向かうために必要とする知性、豊かな感性と想像力を、きみたちが自らのなかに育てるのに役立ててもらえるよう、すぐれた執筆者による適切な話題を、豊富な写真や挿絵とともに書き下ろしで提供します。若い世代の良き話し相手として、このシリーズを注目してください。わたしたちもまた、きみたちの明日に刮目《かつもく》しています。（一九七九年六月）

943
数理の窓から世界を読みとく
—素数・AI・生物・宇宙をつなぐ
初田哲男
柴藤亮介 編著

数学を使いさまざまな事象を理論的に解明する方法、数理。若手研究者たちが数理を共通言語に、瑞々しい感性で研究を語る。

944
自分を変えたい
—殻を破るためのヒント
宮武久佳

いつも同じメンバーと同じ話題。親に勧められた大学に進学し、楽勝科目で単位を稼ぐ。ずっとこのままでいいのかなあ?

945
ヨーロッパ史入門
原形から近代への胎動
池上俊一

古代ギリシャ・ローマから、文化的統合体としてのヨーロッパの成立、ルネサンスや宗教改革を経て、一七世紀末までを俯瞰。

946
ヨーロッパ史入門
市民革命から現代へ
池上俊一

近代国家の成立や新しい思想の誕生、二度の大戦、アメリカや中国の台頭。「古い大陸」ヨーロッパがたどった近現代を考察。

947
〈読む〉という冒険
イギリス児童文学の森へ
佐藤和哉

アリス、プーさん、ナルニア……名作たちは、本当は何を語っている?「冒険」する読みかた、体験してみませんか。

948
私たちのサステイナビリティ
—まもり、つくり、次世代につなげる
工藤尚悟

「サステイナビリティ」とは何かを、気鋭の研究者が、若い世代に向けて、具体例を交えわかりやすく解説する。

949 進化の謎をとく発生学
―恐竜も鳥エンハンサーを使っていたか
田村宏治
進化しているのは形ではなく形作り。キーワードは、「エンハンサー」です。進化発生学をもとに、進化の謎に迫ります。

950 漢字ハカセ、研究者になる
笹原宏之
著名な「漢字博士」の著者が、当て字、国字、異体字など様々な漢字にまつわるエピソードを交えて語った、漢字研究者への成長記。

951 作家たちの17歳
千葉俊二
太宰も、賢治も、芥川も、漱石も、まだ「文豪」じゃなかった――十代のころ、彼らは何に悩み、何を決意していたのか？

952 ひらめき！ 英語迷言教室
―ジョークのオチを考えよう
右田邦雄
ユーモアあふれる英語迷言やひねりのきいたジョークのオチを考えよう！ 笑いながら英語力がアップする英語トレーニング。

953 大絶滅は、また起きるのか？
高橋瑞樹
生物たちの大絶滅が進行中？ 過去五度あった大絶滅とは？ 絶滅とはどういうことでなぜ問題なのか、様々な生物を例に解説。

954 いま、この惑星で起きていること
気象予報士の眼に映る世界
森さやか
世界各地で観測される異常気象を気象予報士の立場で解説し、今後を考察する。雑誌『世界』で大好評の連載をまとめた一冊。

955 世界の神話 躍動する女神たち　沖田瑞穂

強い、怖い、ただでは起きない、変わってる⁉ 世界の神話や昔話から、おしとやかなイメージをくつがえす女神たちを紹介！

956 16テーマで知る 鎌倉武士の生活　西田友広

鎌倉武士はどのような人々だったのでしょうか？ 食生活や服装、住居、武芸、恋愛など様々な視点からその姿を描きます。

957 〝正しい〟を疑え！　真山 仁

不安と不信が蔓延する社会において、自分を信じて自分らしく生きるためには何が必要なのか？ 人気作家による特別書下ろし。

958 津田梅子―女子教育を拓く　髙橋裕子

日本の女子教育の道を拓き、シスターフッドを体現した津田梅子の足跡を、最新の研究成果・豊富な資料をもとに解説する。

959 学び合い、発信する技術―アカデミックスキルの基礎　林 直亨

アカデミックスキルはすべての知的活動の基盤。対話、プレゼン、ライティング、リーディングの基礎をやさしく解説します。

960 読解力をきたえる英語名文30　行方昭夫

英語力の基本は「読む力」。先生と生徒の対話形式で、新聞コラムや小説など、とっておきの例文30題の読解と和訳に挑戦！

961 森鷗外、自分を探す　出口智之

文豪で偉い軍医の天才？　激動の時代の感覚に立って作品や資料を読み解けば、自分探しに悩む鷗外の姿が見えてくる。

962 巨大おけを絶やすな！　―日本の食文化を未来へつなぐ　竹内早希子

しょうゆ、みそ、酒を仕込む、巨大な木おけ。途絶えかけた大おけづくりをつなぎ、その輪を全国に広げた奇跡の奮闘記！

963 10代が考えるウクライナ戦争　岩波ジュニア新書編集部編

この戦争を若い世代はどう受け止めているのでしょうか。高校生達の率直な声を聞き、平和について共に考える一冊です。

964 ネット情報におぼれない学び方　梅澤貴典

新しい時代の学びに即した情報の探し方や使い方、更にはアウトプットの方法を図書館司書の立場からアドバイスします。

965 10代の悩みに効くマンガ、あります！　トミヤマユキコ

悩み多き10代を多種多様なマンガを通してお助けします。萎縮したこころとからだがふわっと軽くなること間違いなしの一冊。

966 新種発見物語　―足元から深海まで11人の研究者が行く！　島野智之編著　脇司

虫、魚、貝、鳥、植物、菌など未知の生物の探究にワクワクしながら、分類学の基礎も楽しく身につく、濃厚な入門書。

967 核のごみをどうするか ―もう一つの原発問題　今田高俊・寿楽浩太・中澤高師

原子力発電によって生じる「高レベル放射性廃棄物」をどのように処分すればよいのか。問題解決への道を探る。

968 扉をひらく哲学 ―人生の鍵は古典のなかにある　中島隆博・梶原三恵子・納富信留・吉水千鶴子 編著

親との関係、勉強する意味、本当の自分とは？……人生の疑問に、古今東西の書物をひもといて、11人の古典研究者が答えます。

969 在来植物の多様性がカギになる ―日本らしい自然を守りたい　根本正之

日本らしい自然を守るにはどうしたらいい？ 在来植物を保全する方法は？ 自身の保全活動をふまえ、今後を展望する。

970 知りたい気持ちに火をつけろ！ ―探究学習は学校図書館におまかせ　木下通子

レポートの資料を探す、データベースで情報検索する……、授業と連携する学校図書館の活用法を紹介します。

971 世界が広がる英文読解　田中健一

英文法は、新しい世界への入り口です。楽しく読む基礎とコツ、教えます。英語力不問、この1冊からはじめよう！

972 都市のくらしと野生動物の未来　高槻成紀

野生動物の本当の姿や生き物同士のつながりを知る機会が減った今。正しく知ることの大切さを、ベテラン生態学者が語ります。

973 ボクの故郷は戦場になった
―樺太の戦争、そしてウクライナへ
重延　浩
1945年8月、ソ連軍が侵攻を開始し、のどかで美しい島は戦場と化した。少年が見た戦争とはどのようなものだったのか。

974 源氏物語入門
高木和子
日本の古典の代表か、色好みの男の恋愛遍歴か。『源氏物語』って、一体何が面白いの？　千年生きる物語の魅力へようこそ。

975 「よく見る人」と「よく聴く人」
―共生のためのコミュニケーション手法
広瀬浩二郎
相良啓子
目が見えない研究者と耳が聞こえない研究者が、互いの違いを越えてわかり合うためコミュニケーションの可能性を考える。

976 平安のステキな！女性作家たち
川村裕子
早川圭子絵
紫式部、清少納言、和泉式部、道綱母、孝標女。作品の執筆背景や作家同士の関係も解説。ハートを感じる！王朝文学入門書。

977 国連で働く
―世界を支える仕事
植木安弘編著
平和構築や開発支援の活動に長く携わってきた10名が、自らの経験をたどりながら国連の仕事について語ります。

978 農はいのちをつなぐ
宇根　豊
生きものの「いのち」と私たちの「いのち」はつながっている。それを支える「農」とは何かを、いのちが集う田んぼで考える。

979
10代のうちに考えておきたいジェンダーの話
堀内かおる
10代が直面するジェンダーの問題を、未来に向けて具体例から考察。自分ゴトとして考えた先に、多様性を認め合う社会がある。

980
食べものから学ぶ現代社会
―私たちを動かす資本主義のカラクリ
平賀　緑
食べものから、現代社会のグローバル化、巨大企業、金融化、技術革新を読み解く。『食べものから学ぶ世界史』第2弾。

981
原発事故、ひとりひとりの記憶
―3・11から今に続くこと
吉田千亜
3・11以来、福島と東京を往復し、人々の声に耳を傾け、寄り添ってきた著者が、今に続く日々を生きる18人の道のりを伝える。

982
縄文時代を解き明かす
―考古学の新たな挑戦
阿部芳郎 編著
人類学、動物学、植物学など異なる分野と力を合わせ、考古学は進化している。第一線の研究者たちが縄文時代の扉を開く！

983
翻訳に挑戦！　名作の英語にふれる
河島弘美
heやsheを全部は訳さない？　この人物は「僕」か「おれ」か？　8つの名作文学で翻訳の最初の一歩を体験してみよう！

984
SDGsから考える世界の食料問題
小沼廣幸
アジアなどで長年、食料問題と向き合い、今も邁進する著者が、飢餓人口ゼロに向け、SDGsの視点から課題と解決策を提言。

985 迷いのない人生なんて
―名もなき人の歩んだ道
共同通信社編
共同通信の連載「迷い道」を書籍化。家族との葛藤、仕事の失敗、病気の苦悩…。市井の人々の様々な回り道の人生を描く。

986 ムクウェゲ医師、平和への闘い
―「女性にとって世界最悪の場所」と私たち
立山芽以子
華井和代
八木亜紀子
アフリカ・コンゴの悲劇が私たちのスマホに繋がっている？　ノーベル平和賞受賞医師の闘いと紛争鉱物問題を知り、考えよう。

987 フレーフレー！就活高校生
―高卒で働くことを考える
中島 隆
就職を希望する高校生たちが自分にあった職場を選んで働けるよう、いまの時代に高卒で働くことを様々な観点から考える。

988 野生生物は「やさしさ」だけで守れるか？
―命と向きあう現場から
朝日新聞
取材チーム
多様な生物がいる豊かな自然環境を保つために、時にはつらい選択をすることも。悩みながら命と向きあう現場を取材する。

989 〈弱いロボット〉から考える
―人・社会・生きること
岡田美智男
弱さを補いあい、相手の強さを引き出す〈弱いロボット〉は、なぜ必要とされるのか。生きることや社会の在り方と共に考えます。

990 ゼロからの著作権
―学校・社会・SNSの情報ルール
宮武久佳
情報社会において誰もが知っておくべき著作権。基本的な考え方に加え、学校と社会でのルールの違いを丁寧に解説します。